쉽게 읽는
보웬 가족치료

Bowen's family therapy

쉽게 읽는
보웬 가족치료

김수연 지음

지금 한 사람에게 일어나는 문제들은
단순히 '개인의 문제가 아니라 가족 전체의 문제'다!

REAL
LEARNING

서문

2002년 7월 부산에 상담센터가 다섯 손가락에 꼽힐 만큼 열악했던 시절, 겁도 없이 상담센터를 덜컥 열어버렸다. 맨땅에 헤딩하듯 꾸려온 센터가 올해로 만 20년이 되었다. 이제 어엿한 청년이 된 것이다. 그동안 정말 많은 소중한 인연들을 만났다. 고마운 인연들이다. 나의 미숙함과 좁은 소견으로 좌절도 많았고 고통스럽기도 했지만, 내가 경험한 성장과 은혜에 비하면 그 힘듦은 아무것도 아닌 것 같다.

그 시간 동안 주저앉지 않고 올 수 있었던 이유는 많은 내담자의 성장하고 변화하는 모습 때문이었을 것이다. 그리고 세상을 바꾸는 가장 강력한 방법은 가족이 변하는 것이라는 나의 신념이 20년 동안 켜켜이 다져졌기 때문이리라. 나는 세상을 더 건강하고 아름답게 변화시킬 수 있는 방법은 가족을 건강하게 만드는 것이라고 굳게 믿는 사람이다. 이 신념은 내가 가족을 공부하면서 한 번도 변한 적이 없다. 그리고 이 신념에 내 인생을 걸 만큼 가치가 있다고 지금도 믿고 있다.

그런 믿음에 관한 이야기, 소중한 인연과 성장에 관한 이야기를 담아내고 싶었다. 그리고 그 이야기들을 이론이라는 틀 안에서 풀어내면 더 풍성할 거란 생각이 들었다. 어떤 이론이 좋을까? '나'라는 사람을 가장 잘 설명해 주고 '나'를 가장 많이 변화시키고 성장시켰던 이론- 보웬의 다세대 가족치료, 현대정신분석, 융의 분석심리학, 이 세 가지에다 담고 싶었다. 이 이론들은 평생을 공부해도 이해하기 힘들고 이 분야의 전문가와 이론서 또한 수두룩하게 많다. 하지만 일반인들이 접근하기는 아무래도 쉽지 않다. 용어도 어렵고 이해도 녹록하지가 않다. 나는 이론의 대가는 아니다. 어림도 없다. 하지만 내가 조금 잘하는 것은 이론의 개념을 우리의 삶과 연결하여 쉽게 전달할 수 있다는 점이다. 이 훌륭한 이론에 가족을 담고 싶었다. 누구나 쉽게 읽을 수 있고, 자신과 자신의 가족을 더 깊이 이해할 수 있었으면 좋겠다. 부족하지만 제일 먼저 보웬으로 첫걸음을 떼 보려 한다.

성년이 된 딸과 아들 그리고 나를 흔들고 그것을 온전히 겪게끔 큰 울타리가 되어준 남편에게 이 고마움을 전한다.

오래전 연꽃밭이었던 연산동에서
2022년 7월 김수연

들어가면서

전쟁은 인간의 밑바닥을 적나라하게 보여주는 잔혹하고 비참한 사건
이지만 다른 쪽에서 뒤집어보면 인간 문명 발달을 획기적으로 앞당기는
사건이기도 하다. 특히 제1, 2차 세계대전은 역사상 유례가 없이 많은 사
상자가 나온 전쟁일 뿐만 아니라 생체 실험을 비롯한, 잔인하고 무자비
한 비인간적 실험들이 자행된 전쟁이었다. 엄청난 희생의 대가로 과학과
의학이 눈부시게 발전하였고, 군수물자로 사용되기 위한 많은 발명품이
등장했다. 또한, 전쟁에서 군인들에게 식량을 조달하기 위해 다양한 식
품 가공법이 개발되었고, 전쟁 중 다친 군인의 재건을 위한 성형수술이
놀라울 만큼 발전하였다. 그 당시 신기술 개발로 무장한 군수업체들은
지금 세계 최고의 자동차 회사가 되거나 유명한 명품 기업이 되어 있다.

상담 분야에서는 군인들의 인사 선발을 위해 적성검사가 개발되었고 외상 후 증후군^{PTSD}에 관한 관심이 높아졌다. 전역한 군인의 가족을 대상으로한 치료가 등장한 것도 바로 이때다.

이 시기에 일어난 변화 중 하나는 세상을 보는 패러다임의 변화를 들 수 있다. 많은 죽음을 경험하면서 '과연 인간이란 존재는 무엇인가?'라는 처절한 질문 앞에 인간의 존엄이 강조되기도 했고, 반대로 예술과 철학에 인생의 허무함에 대한 주제가 나타나기도 했다. 이런 추세는 상담에도 많은 영향을 끼쳤다.

가족치료의 근간이 되는 가족체계관점도 이때 즈음 나타나기 시작하였는데, 가족치료는 학제적인 접근으로 탄생하였다. 영역이 전혀 다른 분야가 합쳐진 학제적 접근은 전쟁에 이기기 위해 신기술을 개발하려고 온갖 지식과 기술이 총동원되면서 시작되었다. 전쟁이 끝난 후에도 이런 학제적 접근은 학문 영역에서 계속 이루어졌는데, 가족체계관점은 생물학에서 생물체를 설명하던 일반체계이론과 집단상담의 집단역동이론을 가족에게 접목한 것이다. 가족체계관점 이해를 위해 동양의학과 서양의학을 비교해 보자. 서양의학은 신체 각 부분을 따로 떼어 세포로, 세포의 DNA까지 자세히 본다. 반면 동양의학은 전체적이고 유기적인 관점으로, 신체의 여러 기관은 유기적으로 연결되어 있어 전체적으로 봐야 한다는 입장이다. 신체의 어느 곳을 보아도 신체 전체를 볼 수 있다. 이런 관점의 차이를 상담에 비유하면 서양의학을 개인상담에, 동양의학은 가족체계적 관점에 비유할 수 있다.

제1, 2차 세계대전이 끝난 후 미국 사회가 직면한, 상담에 대한 요구가 폭발적으로 일어난 시대적 상황도 가족치료 등장에 영향을 주었다. 전쟁으로 인해 남편과 아버지를 잃은 가족이 증가했고, 전쟁에 참여했던 전역 군인들이 돌아오면서 그들이 겪은 트라우마가 가정을 엉망으로 만들어버렸다. 가족의 문제가 급증하면서 상담에 대한 수요가 늘어나자 상담비를 지급하는 보험회사의 재정이 위험해졌다. 보험회사는 보다 강력하고 효과 있는 획기적인 상담이 개발되길 바랐고 이를 위한 프로젝트가 실행되었는데, 그 결과가 바로 가족치료다.

지금부터 가족을 설명하는 여러 이론 중 보웬의 다세대 가족치료 이론을 가져와 가족을 설명하려 한다. 보웬은 미국 출신의 정신과 의사였다. 가족 안에서 어떤 문제가 일어나면 우리는 보통 "누구의 문제인가? 왜 일어났는가? 원인은 무엇인가?"로 접근하기 쉽다. 그러나 보웬은 가족을 다르게 보았다. 그에게는 두 가지 관점이 있었는데 하나는 진화론이고 하나는 체계론이다. 보웬의 중요한 관점을 요약하면 다음과 같다.

첫째, 다윈의 진화론적 관점에서 가족을 볼 때, 가족이라는 제도는 인간의 진화과정에서 가장 효율적으로 살아남기 위한 방편이다. 보웬은 병리라는 말 대신 역기능이라는 단어를 사용하였다. 기능function은 원래 생물학에서 사용하는 단어다. 진화생물학은 현대 생물학의 주류로 환경에 살아남으려 했던 행동의 축적이 적응이라고 본다. 적응적이라는 것이 모두 긍정적인 것은 아니다. 긍정적이든 부정적이든 살기 위한 결과다. 따라서 가족 안에서 일어나는 것은 모두 적응 결과다. 그 결과가 비록 부정적이고 문제가 되더라도, 그것은 어떤 한 사람의 잘못도 문제도 아니다. 그것은 그저 가족이라는 감정체계의 결과다. 보웬은 감정체계가 가지는 진화적 가치를 설명하려고 노력하였다. 관계에서의 불안이 인간에게서만 나타나는 것이 아니라 다른 동물들에게서도 마찬가지로 나타난다는 구체적인 예를 찾는데 상당히 공을 들였다. 우리가 힘들어하고 어려워하는 가족 문제는 다른 동물 집단에서도 똑같이 발견된다. 친밀한 관계에서는 당연히 일어날 수 있는 것이다.

둘째, 보웬은 진화론으로 인간의 감정과 사고 ^{이성}를 설명하려고 하였다. 뇌의 구조도 진화된 결과물이다. 인간이 가지는 감정 특히 불안은 생명체라면 모두 가지고 있다. 감정은 생명체가 살아남고 자손을 번식시키고 키우는 데 중요한 요인이다. 고도로 진화한 인간의 경우, 사고라는 기능이 있는데 이 사고를 잘 이용하는 것이 불안을 다루는 데 매우 중요하다고 보았다.

셋째, 보웬은 가족을 체계적 관점으로 설명하려 했다. 한 사람, 한 사람이 분리된 것이 아니라 모든 것은 연결되어 있고 관련이 있으며, 원인과 결과를 분명하게 나눌 수 없는 거대한 네트워크라는 것이 체계적 관점이다. 가족치료 연구자 돈 잭슨 ^{Don Jackson}은 우울증 아내를 치료하면서 남편의 상태가 나빠지는 것을 발견하였다. 아내의 증상이 좋아지자 남편은 실직했고 아내가 완전히 나아지자 급기야 남편은 자살했다. 지금 한 사람에게 일어나는 문제들은 단순히 '개인에게 문제가 아니라 가족 전체의 문제라는 것을 가족체계관점은 보여준다. 보웬은 더 나아가 이런 문제들은 조부모 시대부터 만들어졌다고 주장하였다. 역기능 즉 아픈 것의 단위는 개인이 아니라 가족이다.

이런 보웬의 주장은 오늘날 보다 발전된 과학적 자료로 입증되고 있다. 예를 들면 트라우마가 세대를 거쳐 전달된다는 것이 과학적으로 입증되었다. 첫째, 예후다와 세클(2011)의 외상 후 스트레스 장애 연구에서는 트라우마가 한 세대에서 다음 세대로 유전된다는 것을 밝혔다. 세르비아의 인종청소, 베트남 전쟁, 아프리카 내전에서 살아남은 사람들의 외상 후 증후군은 그 자녀 세대에게도 충격과 불안으로 고스란히 이어졌다. 홀로코스트 생존자와 그 자녀들을 대상으로 신경생물학적으로 접근해 보니, 자녀는 홀로코스트 생존자인 부모와 비슷한 수준의 코르티솔 수치를 가지고 있었다. 이라크, 아프가니스탄 파병 전역 군인의 자녀, 미국 뉴욕 세계무역센터 테러를 경험한 산모와 자녀의 코르티솔 수치 역시 유사하였다. 아메리카 원주민 보호구역에 사는 젊은 원주민의 경우, 알코올이나 마약 중독에 빠진 경우가 많았고 자살률이 높게는 10~19배가 높았다. 그것 역시 아메리칸 원주민이 특별히 정신적으로 취약해서가 아니라 과거 백인의 아메리칸 원주민 말살의 상흔이 그대로 자녀 세대까지 전달된 결과일 뿐이다. 이는 아메리카 원주민 대학살과 강제 이주라는 비극적인 사건의 경험이 세대로 이어져 자손들의 자살을 부추긴다고 보았다(Yehuda & Seckl, 2011).

둘째, 인간발달에 대한 사실이 밝혀지면서 '나'를 만들 난자가 조부모 시대부터 형성되었다는 것을 알게 되었다. 할머니가 나의 어머니를 임신

할 당시 태아인 어머니의 몸 안에는 이미 평생 배란할 난자가 만들어져 있다. 어머니가 태어나 장차 사춘기가 되면 난자를 배란하는데, 배란된 난자 중 하나가 '나'라는 존재가 된다. '나'를 만들어내는 난자는 이미 할머니의 임신 때부터 형성되어 있다는 것이다. 즉, 나는 어머니가 태어나기도 전에 이미 시작되었다. 남성 역시 마찬가지이다. 이 같은 사실은 난자뿐만 아니라 정자에도 적용된다. 할머니 자궁 안에 태아로 있던 아버지 몸 안에 정자의 전구세포가 존재한다는 것이다(Johnson, 2008). 이런 사실들은 트라우마가 세대에 걸쳐 이어진다는 점을 뒷받침해준다.

셋째, 유전자 연구 결과다. 인간의 DNA 중 신체적인 특성을 결정짓는 DNA는 전체 DNA 중 2% 정도로 알려져 있다. 나머지 98% DNA는 그 역할을 알지 못해 정크DNA라고 불리다가 최근에야 정체가 밝혀졌는데, 바로 성격과 기질을 형성하는 역할을 하는 DNA다. 임신 중 어머니의 혈액 속의 영양분은 태반을 통해 태아에게 전달된다. 그뿐만 아니라 어머니의 감정에 담긴 수많은 호르몬과 정보 신호도 태반을 통해 아기에게 전달된다(Vendramin, 2005).

세포생물학자 립톤 Lipton (2006)은 어머니의 생각과 감정이 아기의 DNA에 영향을 미치는 것을 증명했다. 어머니의 감정은 자녀의 유전자를 생화학적으로 바꾸어 놓는다. 어머니의 혈액은 영양분뿐만 아니라 감정이 만들어 낸 호르몬과 화학적 신호도 태아에게 전달하는데, 이 모든 것들이 태아에게 큰 변화를 일으킨다. 어머니가 줄곧 분노에 차 있으면 태아도 어머니 뱃속에서 분노를 처리할 투쟁과 도피 방식을 준비하고 있다(Lipton, 2006). 스트레스가 극심한 산모의 아기는 조산아가 되거나 저체중, 과잉 행동, 짜증이 많거나 배앓이가 심한 아이가 된다는 연구가 있다. 어떤 아기는 뱃속에서 엄지손가락을 하도 빨아서 빨갛게 피부가 벗겨지거나 궤양이 있기도 하다.

보웬 이론을 강력하게 뒷받침하는 최근의 증거들을 볼 때 보웬 이론이 어떤 내용을 담고 있는지, 가족 문제에 어떤 해답을 제시하였는지 알아본다면 매우 유용할 것이다.

이 책에서는 보웬 이론을 심도 있게 소개하고 최근 밝혀진 과학적인 사실을 덧붙이려 한다. 또한, 가족 안에서 일어나는 감정의 움직임을 여러 사례를 통해 입체적으로 보려 한다. 우람하게 잘 큰 나무에 뻗어 있는 가지처럼 가족관계를 가계도로 그리고, 가족이라는 거대한 네트워크 즉 조부모와 아버지의 형제, 사촌형제 그리고 자신까지 면면히 흘러온 가계도를 통해 자신의 문제를 객관적으로 보게 하려 한다. 그래서 이 책을 마칠 때면 지금까지 독자 자신이 가지고 있었던 가족의 모습에 전혀 다른 그리고 새로운 시각을 가지길 바란다.

가족이라는 거대한 네트워크
즉 조부모와 아버지의 형제, 사촌형제
그리고 자신까지 면면히 흘러온 가계도를 통해
자신의 문제를 객관적으로 보게 하려 한다.

1장에서는 체계에 관한 이야기를 하고자 한다.

첫 번째는 가족체계, 두 번째는 감정체계,
세 번째는 뇌에 관한 체계를 들여다볼 예정이다.

1장 ─

기본 전제들

가족과 체계적 관점

1. 패러다임이 바뀌다, 체계적 관점

우주의 태양계는 하나의 시스템이다. 각각의 별은 서로 영향을 주고 받으며 태양을 중심으로 궤도를 돈다. 지구의 자전축에 변화가 생긴다거나 태양을 중심으로 도는 지구의 궤도가 조금이라도 달라지면, 지구에는 많은 변화가 일어난다. 계절 시작 시점과 기간이 달라질 것이고, 식물에 잎이 나고 꽃이 피는 때가 달라진다. 그러면 꽃가루를 옮겨 열매를 맺게 하는 꿀벌들의 활동에 변화가 생긴다. 그것은 그대로 인간에게 영향을 미친다. 이런 체계적 관점은 각각의 부분들이 연결되어 전체로서 유기적으로 작동된다는 개념이다. 이때 전체는 각각의 부분을 단순히 합친 것보다 훨씬 더 큰 의미가 있다. 자녀가 셋이라고 할 때 그것은 단순히 한 명, 한 명, 한 명을 합친 세 명이 아니라는 것을 잘 알 것이다. 세 명의 자녀들 사이에서는 여러 가지 다양한 상호작용이 있다. 자동차도 하나의 시스템으로, 자동차가 달리려면 유기적으로 각 부분이 함께 작동해야 한다. 인체 역시 하나의 체계고, 가족도 하나의 체계다.

2. 가족에 대한 정의

가족을 연구하고 가족이 무엇인지 정의하는 시도는 인류학에서 가장 먼저 시작되었다. 그러나 인류학자들은 가족의 정의를 아직도 내리지 못하고 있다. 그만큼 인류의 가족 형태는 역사적으로, 지역적으로 매우 다양한 형태로 존재한다. 가족에 대한 정의를 내릴 때 너무 당연하게 여겨 온 정의 중 하나가 '혼인 관계'일 것이다. 그러나 혼례식이 없는 사회도 있으며, 남편이 가족 구성원으로 인정되지 않는 때도 있다. 잦은 전쟁 탓에 남편을 두지 않고 모계 중심의 가족을 이루는 경우가 그 예다. 그렇다고 남편과 아버지 역할을 하는 사람이 아예 없진 않다. 여성의 형제가 그 역할을 맡는다. 또 다른 가족의 정의 중 하나가 '한 집에 같이 산다'일 것이다. 그러나 한 집에 동거하지 않는 가족은 과거부터 오늘날까지 너무나 많다. 그런데도 먼 옛날부터 오늘날까지, 오지의 미개사회부터 최첨단 문명사회까지, 가족이 인간의 생존을 위해 가장 적합한 형태로 꾸려져 왔다는 사실에는 이의를 제기할 수 없을 것이다. 모든 생명체의 가장 중요한 것은 생존과 종족 번식이다. 인간의 경우 자녀를 낳고 키우고, 함께 먹고 살아가는 단위가 바로 가족이라고 할 수 있다.

가족은 생존뿐만 아니라 세상을 살아가는데 가장 필수적인 자아 즉 한 사람의 인격이 만들어지는 곳이다. 자아는 세상을 어떻게 볼 것인지,

관계를 어떻게 맺을 것인지를 결정한다. 특히 보웬은 생존과 관련된 감정 그리고 불안이 만들어지는 곳이 가족이라고 했다. 이런 과정은 부모에게 서 자녀로 자연스럽게 이어진다.

3. 가족체계적 관점

가족을 하나의 체계로 보게 되면 문제를 어떤 한 사람의 문제로 보지 않고 관계의 문제로 볼 수 있다. 가족체계적 관점을 갖기 이전에는 문제 를 어떤 한 개인의 국한된 것으로, 개인에게 뭔가가 잘못된 것이 있기 때 문이라고 보았다. 종교적인 입장에서는 증상을 가진 사람을 정신이 나약 해서, 신앙심이 약해서, 마귀가 들렸기 때문이라고 원인을 돌렸다. 그래 서 문제를 증상symptom 이라고 불렀다. 그러나 가족체계관점에서는 증상 이라는 용어보다는 역기능dysfunction 이라는 용어를 사용한다.

기능function 이라는 말은 원래 생물학에서 사용된 것으로 '잘 작동 한다'라는 뜻이다. 자동차가 잘 굴러간다면 기능적이라고 할 수 있다 (Bradshow, 1988). 역기능은 개인이 병든 것이 아니라 관계가 기능적이 지 못한 것이다. 역기능은 관계의 산물이라서 누구의 잘못인지, 누가 원 인인지 따지는 것은 별 의미가 없다.

1) 직선적 인과론 대신 순환적 인과론

한 사람A에게 일어난 일은 상대B에게 원인으로 작용하여 영향을 미 치고, B에게 영향을 준 결과는 다시 원인이 되어 A에게 영향을 미친다. 이런 관점을 순환적 인과론이라 부르는데, 이 관점에서는 원인과 결과를 명확하게 구분할 수 없다고 본다. 원인과 결과는 서로 맞물려서 순환 고리 모양으로 돌고 돈다. 이 관점은 문제 자녀 뒤에는 문제 부모가 있다는 직선적 인과론 원인 A → 결과 B 과는 상당한 차이가 있다.

자녀들 간에 싸움이 나면 부모가 나서서 말리거나 야단을 치곤 한다. "누가 먼저 그랬어? 무엇 때문에 그랬어?"라는 질문으로 시작하여 부모는 싸움의 원인을 파악하고 누구의 잘못이 더 크다는 판정을 내린다. 이때 부모의 원인 규명이나 판정에 관해 명쾌하고 공정하다고 받아들이는 자녀는 아마 한 명도 없을 것이다. 자녀 모두 부모가 잘못 알고 있다고 생각하면서 자녀들은 분하고 억울해 한다. 왜냐면 다툼의 원인과 결과는 서로 주거니 받거니 얽혀있어 모두가 가해자고 피해자이기 때문이다. 그래서 관계로 설명을 하면 개인으로 설명할 때보다 훨씬 풍부하고 효과적인 이해와 설명을 할 수 있다.

2) 상대적 관점

가족체계이론에서는 문제를 상대적이라고 본다. 인간사에서 누가 잘못하고 누가 옳은지 객관적으로 딱 잘라 말할 수 있는 문제는 거의 없다. 체계 안에서 서로는 같이 묶여 있는 고무줄과 같다. 그래서 한 사람이 쫓아가면 상대방은 있는 힘을 다해 도망가며 거리를 두려 한다. 한 사람이 결단력 있게 밀어붙이면 다른 사람은 결단에 대한 의사가 있는지 궁금할 정도로 우유부단하다. 누군가를 비난하며 맞서는 자가 있으면 그 사람이 불쌍하다며 감싸고 비위를 맞추는 사람이 있다. 상대에게 "모든 것이 내 잘못이다, 나만 숙이고 들어가면 모든 것이 평화롭다"라고 비굴하게 사정하는 사람에게는 너그러워지는 것이 아니라 더 함부로 대하고 싶어진다. 격하게 싸우는 사람들을 말려 본 적이 있는 가? 싸움을 말릴수록 이들의 싸움은 더 격렬해진다. 싸움을 말리는 역할도 싸움을 부추기는데 상당히 이바지한다. 부모 역할을 하는 사람이 있으면 자녀 역할을 하는 사람이 있다. 실제 부모-자녀 관계에서 자녀가 부모 역할을 하고 부모가 자녀 역할을 하는 경우는 흔하다. 중독에 빠진 사람 옆에는 중독을 촉진하는 사람이 있다. 알코올 중독의 남편 옆에는 남편의 알코올만 바라보는 관계 중독인 아내가 있다. 이렇게 관계는 상대적이고 서로 연결되어 있어 서로 주거니 받거니 한다. 이런 고리를 해결하는 방법은 어느 한 사람이 그것을 멈추는 것이다. 한 사람이 쫓아오지 않는다면 다른 사람은 더는 도망갈 필요가 없다.

3) '왜' 보다 '무엇'에 초점 두기

그러면 '왜 why '라는 질문 대신 우리는 어디에 초점을 두어야 하는가? A에게 감정반응이 일어나면 B는 그것을 어떻게 느끼고 해석하고 제목을 붙이며 반응하는지, B의 이런 반응들에 대하여 A는 어떻게 해석하고 느끼고 받아들이는지에 초점을 두어야 한다. 즉 '지금 무엇이 일어나는가'라는 지점에서 '무엇 what '에 초점을 맞추어야 한다. 가족체계적 관점을 가지고 있다면 자신의 가족을 바라보는 시각에 많은 변화가 생길 것이다. 그중 하나가 고통에 관한 관점이다. 가족체계적 관점을 갖기 이전에는 자신의 고통이 가장 괴롭고, 자신은 피해자라고 여기기 쉽다. 그리고 원인은 상대에게 있다고 여긴다. 자녀는 자신의 불행이 부모 때문이라고 여기고 아내는 자신의 고통이 남편 때문이라고 여기기 쉽다. 그러나 가족체계적 관점을 가지게 되면 내가 고통스러운 만큼, 딱 그 정도와 강도만큼 상대도 고통스럽다는 것을 깨닫게 된다.

어머니를 괴롭히는 폭력적인 아버지가 있었다. 큰아들도 알코올 중독과 폭력으로 어머니 속을 무척 썩였다. 작은아들은 아버지와 형만 없으면 자신과 어머니는 행복할 거라고 여겼다. 작은아들은 어머니를 위로하고 어머니 걱정을 덜어드리려 무척 애를 썼다. 작은아들 입장에서는 아버지와 큰아들의 폭력과 알코올이 문제일 것이다. 두 사람이 없어지거나 문제행동이 사라지면 해결이 될 거라 믿는다. 그러나 체계적 관점에서 보면 작은아들 역시 이 문제를 조장하고 있다. 작은아들이 착한 사람으로 어머니를 돌보면 돌볼수록 큰아들은 문제를 일으킨다. 왜냐면 큰아들이 할 수 있는 역할과 자리가 없기 때문이다. 큰아들의 몫은 그저 사고를 치고 못된 아들이 되는 것뿐이다. 사고뭉치 큰아들로 인해 어머니는 더 속이 상하고 힘들어진다. 작은아들은 더 착하고 책임감 있게 행동한다. 결국, 작은아들의 노력이 가족을 더 힘들게 만드는 요인이 된다. 작은아들이 바람직하다고 철석같이 믿고 작은아들에게 더 많은 것을 요구하는 어머니는 언젠가 작은아들을 원망할지도 모른다.

4) 증상에 대한 다세대 관점

증상은 가족 세대를 거쳐 내려오면서 만성불안이 누적되면 발생한다. 그리고 가족 가운데 지목된 사람 즉 가장 불안한 사람을 따라 3대를 내려가면 어떤 가족에서도 조현병 같은 역기능이 나타난다고 보웬은 보았다. 가족은 질병의 단위다. 이 말은 가족이 아프다는 의미가 아니라 가족체계가 아프다는 뜻이다.

　사티어 ^{Satir}가 한 여성을 치료한 후 여성의 어머니로부터 항의를 받았
다. 그래서 어머니를 상담에 참여시켰다. 그러자 6개월 동안 진행한 여성
의 개인상담이 무용지물이 되었다. 아버지가 중요한 인물로 거론되어 아
버지를 상담에 참여시키자 앞에서와 마찬가지로 치료 관계가 깨져버렸
다(Satir, Banmen, Gerber, Gomori, 1988). 많은 연구를 통해 환자라고
생각되는 한 사람을 상담하는 것은 별 의미가 없다는 것을 알게 되었고,
가족이 역기능의 단위임을 알게 되었다.

2

뇌 체계

1. 삼위일체의 뇌

인간의 뇌는 수백만 년 동안 진화해 온 '진화의 결정체'로, 뇌 연구가인 맥린 MacLean(1978)은 뇌가 세 부분으로 구성되어 있다고 보았다. 진화를 거치면서 인간의 뇌는 파충류, 원시 포유류, 신포유류의 세 가지 뇌를 가지게 되었고 이를 '삼위일체 뇌'라고 하였다.

1) 파충류 뇌(R-복합체)

첫 번째 부위인 파충류의 뇌는 뇌의 가장 밑에 있는 후뇌로, 뇌간과 소뇌로 구성되어 있다. 이곳은 호흡·심장 박동·혈압 조절 등과 같은 생명 유지에 필요한 기능을 담당하고 있다. 그래서 이를 '생명의 뇌' 또는 '파충류 뇌'라고 부르는데, 약 5억 년 전에 만들어졌다고 추정한다. '파충류 뇌'라고도 부르는 이유는 파충류의 뇌와 구조적·화학적으로 매우 유사하기 때문이다. 생존을 위한 반복적인 행동, 모방 행동이 이 부위와 관련이 있는데 종마다 특별한 그들만의 구애 행동이나 집짓기, 교미 행동이 그 예다.

이성이 작동되지 않을 정도로 분노가 폭발한 경험이 있는가? 그때 신체는 어떤 반응을 보이는가? 이때 파충류 뇌는 다리를 떨게 하거나 손을 가만히 두지 못하게 만들면서 몸짓을 통해 자신의 곤란함을 표현한다. 손바닥에는 땀이 나고 심장은 쿵쿵댄다. 입이 마르고 눈동자는 떨린다 (Rosenfield, 1976).

2) 원시 포유류의 뇌(변연계)

두 번째 부위인 변연계는 중뇌에 해당한다. 중뇌는 위아래로 모든 정보를 전달해 주는 중간 정거장 역할을 한다. 약 2~3억 년 전에 만들어진 변연계는 다양한 감정, 감정 표현과 관련이 있다. 감정은 파충류에게는 발달하지 않은 포유류만이 가진 고유의 행동이기 때문에 변연계를 '감정의 뇌' 또는 '포유류 뇌'라고 부른다(네이버 지식백과, 서유헌; Kerr & Bowen, 1988).

예를 들어 꾹꾹 참아왔던 분노가 올라올 때 변연계에서는 어떤 일이 벌어지는가. 지금까지 묻어두었던 기억과 더불어 참아왔던 분노가 폭발한다. 이 분노를 터뜨리면 모든 것이 부서질 것 같은 두려움도 올라온다. 상대방의 보복이 어떨지 두렵기도 하다(Rosenfield, 1976).

포유류는 파충류와 달리 온혈동물이다. 경멸을 느끼는 사람에게 냉혈한이라는 말을 하는데 이는 파충류 같은 인간이라는 뜻이다. 변연계에는 해마와 편도체가 있어 파충류와는 달리 학습과 기억을 할 수 있다. 또한, 싸움이나 방어 같은 종족보존과 관련된 행동, 양육이나 모성 같은 생식과 관련된 행동도 변연계와 관련이 있다. 변연계가 없는 파충류는 새끼를 낳기만 하고 돌보지 않는다.

3) 신포유류의 뇌(대뇌피질)

세 번째 부위는 대뇌피질로 3만 5천 년 전에 진화했다. 대뇌피질은 고도의 정신 기능과 창조 기능을 담당하는데, 인간만이 가졌다 해서 '인간의 뇌' 또는 '이성의 뇌'라고 부른다. 이 부위는 학습과 기억을 하는 중요한 부위로 가장 진화한 부분이 전두엽이다. 전두엽으로 인해 우리는 자신의 감정 상태를 돌아볼 수 있는 소위 통찰이 가능하다. 그래서 우리는 짐승처럼 흥분하거나 날뛰지 않는 것이다(네이버 지식백과, 서유헌; Kerr & Bowen, 1988).

대뇌피질이 변연계의 감정을 어느 정도 감당할 수 있을 때, 대뇌피질은 어떤 핑계를 대고 빠져나갈지, 지금 이 감정을 어떻게 넘길지, 변명할지 아니면 맞설지 궁리한다(Rosenfield, 1976).

그러나 스트레스가 극심한 나머지 변연계의 감정이 과도하게 넘쳐 대뇌피질이 감당할 수 없을 때, 대뇌피질은 방문을 닫아 버린다. 부수고 악쓰고 깨지는 소리로 난장판이 된 옆방이야 어찌 되었건 뇌의 평정을 찾기 위해 대뇌피질은 방문을 닫아걸고 모른 척 한다. 이것을 정신분석에서는 방어기제 억압이라고 한다. 특히 생존과 관련된 불안은 지능을 급격히 떨어뜨리는 효과가 있는데, 그 수준은 알코올중독자와 비슷하다.

대뇌피질과 비교가 되지 않을 만큼 파충류 뇌와 포유류 뇌가 인간에게 미치는 영향력은 지대하다. 카멜레온은 적이 쫓아오거나 경쟁자가 있거나 불안해지면 온몸의 색깔이 바뀐다. 우리 역시 하루에도 몇 번씩 카멜레온처럼 온몸의 색깔이 바뀐다. 이웃의 아이가 성적이 올라 좋은 학교에 갔다는 말에 순식간 카멜레온이 된다. 질투가 일어나고 나만 뒤처지면 어쩌나 하는 불안이 급습한다. 남편 직장이 어려워 연봉이 삭감된다는 불행한 소식이 들려오면 또 카멜레온이 된다. 이렇게 대뇌피질이 작동하기도 전에 순간적으로 반응하는 것을 자동적 반사라고 한다. 무릎반사처럼 자동적 반사는 통제가 어렵다. 이것의 다른 말은 본능이다. 여기서 중요한 것은 카멜레온이 되지 않는 게 아니라, 지금 현재 카멜레온이 되는 자신을 자각하는 것이다.

실제로 이 세 가지 뇌가 행동에 어떤 영향을 미치는지 알아보는 실험이 있었다. 원숭이를 두 집단으로 나누어 한 그룹은 변연계와 파충류 뇌는 그대로 둔 채 대뇌피질을 손상했다. 다른 그룹은 대뇌피질을 그대로 두고 변연계와 파충류 뇌를 상하게 했다. 어떤 그룹이 좀 더 정상적인 행동을 보였을까?

대뇌피질이 손상된 원숭이는 정상 원숭이와 별반 다르지 않았다. 원숭이로 살아가는 데 중요한 짝짓기나 양육 같은 행동이 지극히 정상적이었다. 그러나 파충류 뇌와 변연계가 손상된 원숭이는 움직일 수도 없었고 먹지도 못했다. 생존에 관련된 행동에 문제가 생겼고 보통의 원숭이가 보이는 전형적인 행동을 하지 않았다(MacLean, 1978).

인간은 경험을 언어로 표현하지 못하는 경우가 두 가지 있다. 하나는 뇌의 언어 중추가 완성되기 이전 즉 2~3세 이전의 경험이다. 언어 이전의 경험이라서 언어로 옮길 수가 없다. 또 하나는 트라우마 사건에 관한 것이다. 극심한 스트레스 상황에서 우리는 말문이 막히고 머리가 하얗게 돼 아무것도 할 수 없는 경우가 있다. 그것은 트라우마를 겪을 때 전두엽이 작동하지 않아 언어로 옮길 수 없기 때문이다.

이성은 억압된 감정을 처리할 수 없다. 대신 변연계가 담당하여 처리한다. 어머니가 아기를 버렸을 때, 아기의 유기당한 트라우마는 변연계에 고스란히 남아 있다. 나중에 트라우마와 비슷한 경험을 할 때, 뇌는 이성이 작동할 틈도 없이 변연계가 작동하여 즉각적으로 반응한다. 대뇌피질에 남아 있는 기억이 없어서 이성이 작동할 틈이 없는 것이다(Bradshow, 1988).

2. 최신 뇌 과학, 삼위일체의 뇌는 틀렸다

결론부터 이야기하면 '삼위일체의 뇌라는 것은 없다'라는 게 최신 뇌 과학의 결론이다. 삼위일체의 뇌 가설은 과학적으로 가장 성공적인 발견인 것 같았지만 지금은 가장 널리 퍼진 오류다. 우리가 하는 짐승 같은 행동은 파충류 뇌에서 나오는 것이 아니며, 좋은 행동이 대뇌피질에서 나오지도 않는다. 또한, 이성과 감정은 서로 전쟁을 하듯 대결을 하는 것도 아니며 이 세 가지 뇌는 각기 다르게 작동하지도 않는다. 세 가지 뇌는 진화과정을 거치면서 지층처럼 켜켜이 쌓아둔 형태도 아니다. 그렇다면 뇌는 어떠하단 말인가? 최근 결과 중 하나는 파충류와 포유류도 인간과 같은 신경세포를 가지고 있다는 것이다. 인간의 대뇌피질의 신경세포가 파충류와 포유류에게도 있다. 다만 뇌를 발달시키는 데 걸리는 시간이 종마다 다를 뿐이다(Barrett, 2020). 대부분 동물은 거의 완성된 뇌를 가지고 태어난다. 그에 비해 인간은 상당히 미완성된 뇌를 가지고 태어나며, 뇌가 완성되기까지 걸리는 시간도 매우 길다. 청소년기까지 뇌는 지속적으로 발달하기 때문이다.

파충류는 대뇌피질을 만드는 시간이 인간에 비하면 매우 짧다. 만약 파충류도 대뇌피질 신경세포를 충분한 시간을 들여 만든다면 인간과 비슷한 뇌를 가질 수 있을지도 모른다. 결국, 인간만이 가지는 새로운 기능의 뇌는 없다(Barrett, 2020).

둘째, 최근 연구에서 뇌는 각 부분에 따라 기능이 별도로 정해진 것은 아니며, 하나의 신경망 즉 네트워크로 작동한다고 밝혀졌다. 신경세포는 허브 공항을 중심으로 클러스터로 묶여 있는 전 세계 공항의 시스템처럼 구성되어 있다. 그래서 효율적으로 작동하고 서로 긴밀하게 연결되어 있다. 어떤 신경세포가 어떤 기능을 독립적으로 담당하는 것이 아니다(Barrett, 2020).

셋째, 뇌의 다양한 능력이 밝혀지고 있다. 파충류 뇌인 소뇌는 오랫동안 운동과 같은 기본 기능에만 관련이 있다고 알려져 왔다. 그러나 최근에는 소뇌가 생명 유지뿐만 아니라 수학, 음악, 의사결정, 사회기술, 유머를 이해하는 것 등 고차원적 기능을 담당한다고 밝혀졌다(Arnett, 2016).

3

감정체계

1. 감정과 감정체계

감정의 생물학을 처음 연구한 사람은 찰스 다윈이다. 다윈은 어른보다 아이를 연구 대상으로 삼았는데, 그 이유는 어른에 비해 아이들은 순수한 감정을 가졌고, 억압하거나 속이지 않고 분명하게 표현하기 때문이다. 다윈은 모든 문화에서 모든 사람이 감정을 가지며, 나아가 동물과 식물도 감정을 가지고 있다는 것을 알게 되었다.

적의 침입에 으르렁대며 적대감을 표현하는 것도, 식물의 뿌리가 물을 향해 뻗어 가는 것도, 해바라기가 얼굴을 태양을 따라 움직이는 것도 모두 감정의 표현이다. 감정반응은 살아가기 위해 일어나는 자동적인 반응 즉 본능이다(Kerr & Bowen, 1988). 실제로 식물은 옆에 자라는 식물이

동종인지 아닌지 안다고 한다. 동종이 옆에 있으면 잘 크라고 이로운 물질을 뿌리에서 내뿜는다. 반대로 자신과 다른 식물이 자라면 뿌리에서 성장을 방해하는 물질이 나온다. 동료가 죽었을 때 인간처럼 식물도 슬퍼한다. 마치 어머니의 임신과 출산처럼 식물도 꽃을 피워내고 열매를 맺을 때 많은 에너지가 소모된다. 꽃이 지고 나면 힘없이 축 처지고 힘들어하는 것을 볼 수 있는데, 이때 사람처럼 거름으로 영양분을 채우고 충분히 쉬게 해줄 필요가 있다.

보통 감정emotion 과 정서feeling 를 혼용해서 사용하지만, 감정과 비교하여 정서는 더욱 사회적이고 인지적인 측면이 강한 반면, 감정은 모든 생물체에서 일어나는 반응으로 훨씬 원초적이고 광범위한 반응이다. 정서는 의식적으로 알 수 있지만, 감정은 동공반사처럼 자동으로 반사response 하는 것이다. 보웬(1985)은 이런 자동 반사를 감정반응 혹은 감정반사라고 하였다. 감정반응의 예를 들어보자.

모성애가 지극한 무척추동물 문어는 새끼를 위해 최선을 다한다. 어미 문어는 식음을 전폐하면서 알을 돌보다가 새끼가 부화할 때 즈음, 탈진해서 죽는다. 이때 죽음의 원인은 과다하게 분비된 스테로이드 호르몬 때문이다. 이렇게 자해하는 이유를 동종포식을 막기 위한 것이라는 연구가 있다(한겨레, 2022.5.17.) 이것은 감정체계가 작동한 결과다. 사람도 마찬가지다.

아기가 울 때 어머니는 자동으로 반응한다. 아기 울음소리에 신경이 쓰여 어머니는 하던 일을 멈추고 무슨 일인가 궁금해하며 아기에게 다가간다. 젖을 먹이는 어머니라면 사출 반사 let-down reflex 로 인해 아기 울음소리만으로도 어머니의 젖이 흘러나온다. 어머니는 아기가 배가 고프다는 것을 이미 온몸으로 알고 있다. 아내의 전화를 받은 남편은 아내의 목소리만으로도 낌새나 분위기를 알아챌 수 있다. 그것이 무엇인지 구체적으로 표현하기 어렵다고 해도 남편의 몸은 이미 반응하고 있다.

감정과 사고는 어떤 차이가 있는가? 무엇이 감정이고 무엇이 사고인가? 살아있는 생명체의 반응으로서 감정은 다음과 같은 특징을 가진다.

첫째, 감정은 뇌의 조기 경보 시스템의 한 부분이다. 즉 생존과 관련 있는 오래된 기능이다. 그래서 감정은 신체의 반응을 동반한다.

둘째, 감정은 언어가 발전하기 전의 사회에서 중요한 의사소통 수단이었다. 인간은 언어라는 의사소통 능력을 갖췄지만, 여전히 의사소통의 많은 부분은 감정을 통해서 한다. 인간과 가장 가까운 유인원인 침팬지와 보노보는 유전자의 90%가 일치한다. 침팬지의 경우 특정 소리와 몸짓을 이용하여 의사소통을 하는데, 약 40여 개의 몸짓으로 자신의 의사를 전달한다. 보노보 역시 소리와 몸짓으로 의사소통을 한다. 침팬지 몸짓의 의미를 보노보 몸짓의 의미와 비교해 보니 거의 일치하였다. 그뿐만 아니라 침팬지와 보노보의 몸짓과 손짓을 보고 어떤 의미냐는 퀴즈를 인간에게 내었더니 대부분 모두 정확하게 맞추었다. 아직 언어적 의사소통이 미숙한 유아의 몸짓과 손짓을 침팬지와 보노보와 비교하면 어떨까? 침팬지, 보노보, 인간의 유아가 하는 몸짓 의미는 90% 이상 일치하였다.

셋째, 감정은 에너지다. 감정은 인간의 타고난 생물학적 동기가 될 수 있다. 사랑으로 새로운 생명을 잉태시킬 수도 있고, 적개심으로 상대를 죽일 수도 있다.

넷째, 인간의 가장 기초적인 힘으로서의 감정은 기본 욕구를 지키는 기능을 한다. 예를 들어 분노는 자신의 영역을 침범당했다는 의미로, 생존과 관련된 중요한 사건에 대한 반응이다. 거부당했거나 상처받았거나 혹은 부당함을 거부하는 감정으로 내가 소중하게 생각하는 무언가를 침해당했다는 의미이다.

다섯째, 감정체계는 중립적이다. 세렝게티에서 사냥하는 자와 잡아먹힌 자를 두고 선과 악으로 나누지 않는다. 가치를 부여할 수 없는, 그저 자연 세계일 뿐이다.

따라서 감정체계란 유기체가 정보를 받아들이고 그 정보를 통합하여 그것을 토대로 반응하는 것을 말한다. 즉, 생존을 위한 적응이라는 가장 큰 목표를 이루기 위해 모든 행동은 감정이라는 생명력에 의해 추동되고 조절되는 것이다(Kerr & Bowen, 1988).

무리나 조직같이 체계를 만드는 것은 환경에 적응하기 위한 진화의 결과물이다. 예를 들어 개미 군집을 보자. 개미 군집 안에서 개미는 먹고 사는 문제, 종족을 번식시키는 문제가 해결된다. 그래서 집단에서 이탈은 곧 죽음을 뜻한다. 이런 의미에서 무리나 조직은 하나의 감정체계며, 개미 군집도 감정체계가 된다.

개미 군집은 하나의 전체로 움직인다. 윌슨(1975)은 개미 군집이라는 감정체계는 병사, 노동자, 여왕같은 기능적 단위가 있다고 하였다. 여왕개미가 낳은 알들이 자라서 장차 어떤 기능을 할지는 그 집단이 정한다. 각각의 알은 군집의 기능적 지위 functioning positions 를 갖고 태어나고, 자라면서 그 지위에 맞는 특별한 자극을 받게 된다. 개미는 기능적 지위에 따라 식량을 구하고 전쟁하며 집을 짓는다. 포유류들은 친족체계를 기초로 집단을 이루며 산다. 코끼리의 경우 암컷 자매들이 공동 육아를 하는 체계를 이루고 있다. 기능적 지위는 집단의 어떤 부분을 담당하여 집단을 기능할 수 있도록 만들고 각 개체를 생존할 수 있게 보호해준다(Wilson, 1975).

보웬은 자신의 체계론적 관점은 일반체계이론을 단순히 가족에 적용한 것이 아니라고 하였다. 그보다는 가족을 진화론적 관점에서 보았고, 가족은 생존을 위해 자연스럽게 만들어진 체계라고 보았다. 그래서 정신 질환 mental illness 이라는 용어 대신 감정 질환 emotional illness 이라는 용어를 사용했는데 진화론적인 측면에서 보려고 했기 때문이다. 감정 질환은 다른 유기체에서도 보편적으로 가지고 있는 현상이다(Kerr & Bowen, 1988: Papero, 1990).

2. 감정체계, 정서체계, 사고체계

진화의 측면에서 보면 인간 역시 감정체계에서 시작되었다. 정서체계나 사고체계를 갖춘 것은 40억년 지구의 역사에서 불과 얼마되지 않은 ^약 ^{3만 5천년} 최근의 일이다. 그래서 감정체계의 영향력은 정서체계나 사고체계와 비교할 수 없을 정도로 막강하다.

정서체계는 감정체계와 사고체계의 중간 다리 역할을 한다. '생각하는 두뇌'라고 불리는 사고체계는 다른 동물들과 구분되는 인간만의 독특한 부분이다. 사고체계 덕분에 인간은 복잡한 생각과 역지사지가 가능하며 의사소통을 할 수 있다. 그런데 인간의 사고체계는 감정과 정서체계의 지원을 받아 작용한다. 또 이 세 가지 체계는 동시에 작용할 때가 많고 서로 서로에게 영향을 미친다(Kerr & Bowen, 1988).

불안이 높으면 감정체계는 사고체계를 압도하여, 감정체계가 자동으로 작동하고 결국 감정·정서체계가 우리의 마음을 쥐락펴락한다. 이때 사고체계의 객관성은 무참히 짓밟힐 수 있다. 특히 생존과 같이 중요한 문제가 걸려 있으면 감정적·정서적 반응이 순식간에 일어나 사고체계를 마비시킨다. 명분을 내세워 이유를 대고 설명을 해도 우리는 근저에 깔린 감정반응을 더 신뢰하는 경향이 있다. 신념과 가치라고 주장하는 그 말들을 액면 그대로 받아들이지 않는다. 그 설명은 변명으로 들리는데 변명이란 그저 살아남기 위한 본능으로, 감정반응일 뿐이다.

야구팀도 하나의 감정체계 단위가 될 수 있다. 선두 타자가 상대팀 투수의 공 한두 개에 삼진을 당하거나, 좋지 않은 볼을 쳐 땅볼 아웃이 되면 그날 게임이 잘 풀리지 않는다고 한다. 앞 타자의 성급함이나 어이없는 타구의 실패는 그다음 타자에게 전염되어 번번이 공을 치지 못한다. 타자들의 공격이 맥을 못 추면 그 감정은 같은 팀 투수에게 전염되어 투수 역시 난조를 겪는다. 타석에서 실패는 악순환이 되어 공수 전환이 되었을 때 수비에서 실책으로 이어지고 실점을 한다. 수비에서 실책은 계속 뇌리에 남고 자책으로 이어져, 다시 공격 순서가 되어 타석에 섰을 때 집중하지 못해 헛스윙하거나 삼진을 당한다. 이런 실패나 성공에 관련된 감정은 팀 전체에 번져 분위기를 타게 한다.

뇌의 세 부분이 반드시 감정체계, 정서체계, 사고체계와 일대일로 연결되지 않는다. 그렇지만 감정·정서·사고체계와 삼위일체 뇌 모델은 충분히 서로 연결되어 있음을 알 수 있다.

3. 인간의 감정체계는 무엇인가?

그렇다면 인간의 경우 감정체계는 무엇일까? 보웬은 핵가족이라고 하였다. 자녀의 부모에 대한 애착이나 의존을 볼 때, 부모-자녀 관계는 생존을 위한 기본적인 단위가 될 수 있다. 핵가족이라는 단어에서 '핵'이라는 단어는 마치 원자의 핵처럼 가족에 속한 개인들에게 어떤 중추적인 힘을 행사한다는 뜻이다.

감정체계는 본능과 같은 말이다. 가족도 감정체계라서 생존과 관련된 뿌리 깊은 힘이 있다. 감정체계라는 측면에서 볼 때 중요한 부분은 첫째,

감정은 신체 반응을 동반한다는 것이다. 반응은 뇌뿐만 아니라 신체의 각 기관과 그 세포에 영향을 준다. 위가 딱딱해지고 소화가 되지 않는다. 손바닥에서 진땀이 나고 심장이 뛰는 소리에 당황스럽다. 이런 생리적인 신호들은 불안을 자각하기도 전에 이미 나타난다.

둘째, 이런 반응은 자동적이라는 점이다. 예를 들어보자. 부모의 꾸지람에 반성하고 복종하는 것과 부모의 말을 듣지 않고 반항하는 것 두 행동은 결코 상반된 행동이 아니다. 잘못했다고 고개를 숙이는 자녀는 심성이 착하고, 부모에게 대드는 자녀는 못된 것이 아니다. 둘 다 자동적인 반응이다. 다만 자동적 반사행동이란 것을 모를 뿐이다.

셋째, 이런 자동적 반사행동은 다른 사람에게 너무 쉽게 전염된다는 점이다. 그래서 다른 사람에게 영향을 주고 다시 반응을 불러일으킨다 (Papero, 1990).

넷째, 그 결과 이런 관계의 상호작용은 가족 전체라는 단위 행동이 된다. 가족은 나와 다른 구성원이 분리되지 않고 하나의 단위로 '융합'되어 있다.

융합은 왜 일어나는 걸까? 밝혀진 뇌 과학에서는 다음과 같이 설명한다. 뇌에는 '나'를 인지하는 영역과 '나와 가장 가까운 타인'을 인지하는 영역이 있다. 그런데 이 영역들은 너무 밀접하게 있거나 심지어는 붙어 있기도 하다. 그래서 나 자신을 인지하면서 동시에 어머니를 인지하게 된다.

상대의 감정이 내 감정이 되며, 내 감정이 상대의 감정이 된다. 이렇게 융합은 뇌로도 설명할 수 있다.

보웬과 동료들(Bowen, Dysinger, Basmania, 1959)은 기능적 지위를 설명하기 위해 스포츠팀을 예로 들었다. 앞에서 야구팀은 하나의 감정체계였다. 한 팀의 선수들은 모두 야구를 할 수 있는 기능을 가지고 있다. 그리고 팀 안에서 내야수와 외야수, 투수와 포수라는 기능적 지위를 가지고 있다. 팀이 경기에서 이기려면 단위로서 팀워크가 잘 이루어져야 하고, 동시에 각 개인으로서 각자의 기능이 우수해야 한다. 가족도 마찬가지다.

감정과정으로 인해 가족에서도 기능적 지위가 생겨난다. 기능적 지위는 여러 세대를 거쳐 형성되며 감정적·정서적·주관적 과정에 의해 고정된다. 그러면 가족에서 기능적 지위는 무엇일까? 보웬은 대표적인 기능적 지위가 출생 순위라고 했다. 예를 들어 부모가 없을 때 형이 아우를 돌봐야 하고 부모 노릇을 해야 한다고 부모가 강조하면, 맏이는 동생에게 책임감을 느끼고 부모처럼 행동한다. 맏이로 태어나서 맏이가 되는 것이 아니고 맏이로 길러져서 맏이가 되는 것이다.

이렇게 가족 안에서 부여받은 기능적 지위는 한 개인의 가치, 신념, 태도, 행동, 감정에 큰 영향을 미친다. 이때 맏이는 과대기능자가 될 수 있고, 상대적으로 동생은 과소기능자가 될 수 있다. 과대기능자는 다른 사람의 감정적 안녕을 책임지는 사람이다(Kerr & Bowen, 1988).

반면 과소기능자는 무엇을 해야 할지 상대에게 물어보면서 의존한다. 상대가 제공하는 도움을 취하여 수동적이 된다. 무엇보다 자신을 '문제'로 본다. 가족의 여러 '자기'가 하나로 뭉쳐있는 '융합' 안에서는 '자기'를 거래하여 '잃고 얻음'이 가능하다(Gilbert, 2004).

2장에서는 살아가는 힘, 생명력에 대해서 이야기를 하고자 한다.

우리가 살아가려면 때론 뭉쳐야 하고,

때론 각자 독립해서 살아야 한다.

이 둘 사이에서 균형을 이루는 것이 관건이다.

개별성과 연합성

개별성과 연합성은 생명력이다

1. 따로 또 같이, 개별성과 연합성

인간이 살아가려면 어떤 힘이 필요한가? 어떤 힘이 있어야 인간은 살
아남는가? 대부분의 이론은 여기에 대한 답을 가지고 시작한다. 이 힘이
부족해서 상처가 생겼고 병리가 시작되었다고 설명할 수 있다. 또 이 힘
을 불어넣어야 치유된다는 해결방법을 제시할 수 있다.

보웬은 그 힘을 생명력 life force 이라고 불렀는데, 생명력의 뿌리로부터
개별성 individuality 과 연합성 togetherness 이라는 두 가지가 뻗어 나온다. **생명
력의 '뿌리'** rooted life force 에서 나왔다고 굳이 표현한 것은 진화라는 의미
를 담기 위해서이다(Bowen, 1985). 생명을 가진 것이라면 이 두 가지 생
명력을 모두 가지고 있다.

개별성은 유기체가 독립적인 존재, 분리된 존재로 살아갈 수 있게 만드는 생명력이다. 이 생명력으로 인해 하나의 독립된 인간으로 기능할 수 있고, 자신을 위해 느끼고 사고하고 행동할 수 있다. 반면에 이 본능은 자신의 느낌, 사고, 행동이 다른 사람과 일치하는지에는 관심이 없다(Kerr & Bowen, 1988).

개별성은 "너 자신이 되어라, 다른 사람을 신경 쓰지 말라, 집단에 매몰되거나 끌려다니지 말라, 너를 가장 멋진 모습으로 실현하라!"라고 말한다(Gilbert, 2004). 개별성은 개성, 자신에 대한 책임감, 자기 결정, 자신의 원칙이라는 것과 같은 의미라고 볼 수 있다.

각자 인생을 사는 개별성의 힘이 강한 가족

연합성이 강해서 서로 분리되지 않은 가족

<그림 2-1> 개별성과 연합성

한편 **연합성**은 유기체가 다른 유기체와 연결되고, 의존하며, 함께 무리 지으려는 생명력이다(Bowen, 1985). 이 생명력으로 인해 인간은 집단의 일부로 기능할 수 있고 집단의 명령에 따를 수 있다. 연합성으로 우리는 다른 사람과 같은 느낌, 같은 생각, 같은 행동을 할 수 있으며 다른 사람이 자신처럼 행동하고, 느끼고, 생각하게끔 만들 수 있다(Kerr & Bowen, 1988). 우리는 연합성이라는 대단한 마법을 가지고 있다. 연합성은 대개 충성심, 사랑, 가족의 화목이라는 명분 아래 작동한다.

어머니의 뜻대로 행동하는 아이는 연합성의 힘이 강하게 작용하는 반면, 어머니와는 상관없이 자기 뜻대로 행동하는 아이는 개별성의 힘이 강하다. 공부가 재밌어서, 잘 하고 싶어서 스스로 알아서 공부하는 아이는 개별성의 힘으로 공부를 한다. 이에 반해 어머니가 하라고 하니까, 성적이 나쁘면 어머니에게 혼이 나니까 공부를 하는 아이는 연합성의 힘으로 공부를 한다.

원하는 것을 얻으려고 할 때 우리는 자신의 욕구를 어느 정도 조절하는 능력이 있다. 그러나 연합성과 개별성은 본능적인 힘 그리고 생존과 관련된 뿌리 깊은 힘이어서 힘이 훨씬 강하다. 그래서 마음먹은 대로 통제하기 쉽지 않다. 보웬은 개별성과 연합성 모두 타고난 것이지만, 개별성과 연합성이 얼마나 강한가는 학습에 따라 결정된다고 했다.

2. 진화의 산물, 개별성과 연합성

사회생물학에서 개별성과 연합성을 진화의 측면으로 설명한 학자는 윌슨 Wilson (1975)이다. 윌슨은 진화에 따라 개별성과 연합성의 특성과 균형을 이루는 특징도 달라진다고 보았다.

진화는 두 가지 방향으로 이루어졌는데, 하나는 생존을 위해 무리나 조직을 이루는 쪽이고, 다른 하나는 살아남기 위해 독립적으로 살아가는 쪽으로 진화하였다. 이 둘 중에서 어떤 것이 더 생존에 유리하다고 말할 수는 없다. 하지만 성공적으로 적응한 경우는 고도로 조직화를 이루거나 연합성 아니면 홀로 독립적으로 살아가는 방식 개별성 처럼 양극단에 존재한다(Wilson, 1975).

윌슨(1975)은 사회적 조직을 잘 꾸리고 있는 동물 4가지를 예로 들면서 그 특징을 설명하였다.
1) 해파리나 산호해 같은 무척추동물
2) 개미나 벌 같은 사회적 곤충
3) 코끼리, 침팬지 같은 포유류
4) 인간

무척추동물인 해파리 떼는 마치 하나의 몸처럼 움직인다. 안전한 은신처가 빈약한 바다에는 적의 침입으로부터 자신을 방어하는 수단이 필요하다. 해파리의 방어책은 떼를 지어서 적에게 마치 커다란 물고기처럼 보이도록 만드는 것이다. 거대한 물고기처럼 보이려면 한 몸처럼 움직여야 한다. 해파리는 생존을 위해 각자가 따로 움직이는 것보다 하나의 집단으로 움직이는 것이 훨씬 유리하다(Wilson, 1975). 조직이 통합되려면 유기적으로 연결되어야 하고, 집단의 생존을 위해서는 각자의 개별성을 포기해야 한다.

포유류에서는 코끼리나 침팬지 같은 동물이 집단을 이루며 산다. 코끼리 경우 모계사회를 이루는데 특히 새끼를 함께 키울 때 연합성이 발휘된다. 어미는 자기 새끼뿐만 아니라 다른 새끼들에게도 젖을 물린다. 새끼가 위험에 처하면 암컷들이 힘을 모아 새끼를 구한다. 몸이 약하거나 장애가 있는 새끼 코끼리는 위험 상황에서 긴급하게 이동을 할 때 방해가 된다. 그 새끼로 인해 집단이 위험해질 수도 있다. 그때 어미는 집단을 위해 새끼를 밟아 죽이기도 한다.

포유류 집단은 해파리 떼나 사회적 곤충보다 훨씬 느슨하고 개별성이 인정되는 집단이다. 무척추동물에서 포유류 척추동물로 진화하면서 연합성과 개별성의 공격성과 충돌은 더 많이 관찰된다. 그 이유는 첫째, 진화의 방향은 집단의 연합성보다는 개별성이 강조되기 때문이다. 둘째, 진화의 방향은 무척추동물처럼 유전자가 동일하게 복제되는 것이 아니라 유전자가 적게 얽히는 쪽이다. 이렇게 유전자가 서로 다를수록 갈등과 반목의 힘은 증가한다(Wilson, 1975). 결국, 연합성이 강조되는 집단일수록 갈등과 반목을 어떻게 해결하느냐가 중요한 관건이 된다. 따라서 싸움으로 집단이 와해되는 것을 막는 장치가 필수적으로 마련되어야 한다. 그 방편 중 하나가 서열 체계, 계급 체계를 만드는 것이다. 서열이 만들어지면 짝짓기 쟁탈이나 먹이 다툼으로 인한 분쟁을 상당히 줄일 수 있다.

집단에서 일어나는 공격성과 갈등 그리고 이타주의 중 어떤 것이 더 바람직할까? 우리의 예상과는 달리 진화론에서는 어떤 것이 더 좋고 나쁘다고 볼 수 없다고 본다. 그것은 그저 자연도태^{natural selection}의 결과일 뿐이다. 마찬가지로 사회적 통합을 잘 이룬 종이 더 적응력이 좋다고 말할 수도 없다(Wilson, 1975).

3. 연합성이 강한 집단의 특징

그렇다면 왜 이렇게 강한 연합성이 필요한 걸까? 연합성이 강한 종들을 살펴보면 적의 침입이 잦아 치열한 방어를 해야 하거나 사냥처럼 먹고 살기 위한 수단으로 협업체계를 이루어야 한다는 공통점이 있었다. 예를 들면 세상에서 가장 큰 대왕고래를 수십 마리의 범고래가 사냥하는 경우가 그러하다. 범고래는 집단 사냥에 능숙해 대열을 이루어 깊이 잠수하다 다시 공격하는 방식으로 자신들보다 몸집이 훨씬 큰 대왕고래를 사냥한다. 이런 까닭에 범고래를 킬러 고래라고 부르는데, 범고래는 인간 다음으로 안정적인 사회를 이루는 것으로 알려져 있다. 범고래가 인간과 유사한 점은 지능이 높다는 점, 매우 협동적이라는 점 그리고 집단이 친족으로 이루어져 있다는 점이다. 학자들은 범고래 가계도를 그릴 수 있을 정도로 친족집단이 잘 발달해 있다고 한다.

대한민국도 매우 집단적이며 연합성을 강조하는 사회다. 역사적으로 전쟁과 침략이 끊임없었고 생사를 걸고 단합하여 국난을 극복한 경험이

수없이 많았다. 이런 극단적인 어려움 속에서 단결과 일체감은 생존을 위한 필수불가결한 요소였을 것이다. 또한 쌀농사라는 주요 산업은 대표적인 노동집약 산업이다. 오랫동안 쌀농사 중심의 농경사회를 지나오는 동안 가족은 생존을 위한 협업의 단위가 되었다. 이 같은 역사적 배경과 경험으로 인해 개인보다 가족 ^{가문} 이 더 중요한 가치가 되었고, 개별성보다는 연합성이 강한 집단문화를 만들게 되었다.

우리나라를 비롯한 동양 문화는 연합성을 강조한 집단적 문화라고 한다면 서양 문화는 개별성을 강조한 개인주의 문화라고 볼 수 있다. 인물 사진을 보고 사진을 찍은 사람이 동양 문화권의 사람인지, 서양 문화권의 사람인지 맞출 수가 있을까? 답은 '가능하다'이다. 이 둘은 어떤 차이점이 있을까? 서양 문화권의 사람들은 주인공의 얼굴을 크게 부각해 사진을 찍는 데 반해 동양 문화권의 사람들은 어떤 배경과 함께 인물을 사진에 담는다. 이처럼 동양의 문화는 맥락과 관계를 더 중요하게 여긴다. 이런 점을 볼 때 연합성과 개별성의 개념에서 동서양의 문화적 차이를 함께 고려할 필요가 있다.

2

멀어져도 문제, 가까워져도 문제

1. 집단을 꾸려 나가는 힘, 의사소통과 자아분화

진화라는 큰 흐름에서 볼 때 진화의 최고봉에 있는 인간은 연합성이 더 강할까, 개별성이 더 강할까? 진화의 경향성이라는 측면에서 보면 인간은 개별성이 더 강해야 한다. 집단을 이룬다 하더라도 조직은 느슨하게 연결되었을 것이고 이타주의나 협동력은 약할 것이다. 그러나 예상과 달리 인간은 정반대로 벌이나 개미에 버금가는 최고 수준의 집단 조직화를 이루었다(Wilson, 1975).

집단을 이룰 때 관계에서 일어나는 갈등을 어떻게 처리하는가는 중요한 사안이 된다. 원숭이는 집단에서 친밀함을 여러 가지로 표현한다. 털을 손질해 주거나 신체를 맞닿으면서 스킨십을 하며 우호를 다진다. 또 어떤 원숭이는 선물을 하는데, 심지어 남의 새끼를 훔쳐다가 바치기도 한다. 인간 역시 관계에서의 호의나 친밀감을 표현하는 방식을 개발했다. 그중 하나가 웃음인데, 인간은 혼자 있을 때보다 누군가 있을 때 웃을 확률이 30배 올라간다고 한다. 웃음은 진화의 산물로 '우리 관계는 서로 믿을 수 있다'는 신호이기 때문이다.

인간은 인구밀도가 높은 집단인 도시를 이루고 살고 있다. 고층아파트의 모습은 벌집의 허니콤과 비슷해 보인다. 이렇게 치밀한 사회구조를 이루려면 해결해야 할 문제가 한 둘이 아니다. 코로나 같은 전염병, 먹고 사는 문제, 배설물, 오염물질, 쓰레기를 처리하는 문제, 갈등과 충돌을 막고 질서를 유지하는 문제 등 온갖 문제가 있다. 인간은 이런 문제를 어떻게 해결할 수 있었을까? 해결 능력은 어디에서 온 것일까?

인간은 다른 동물과 비교하여 집단을 유지하는 장치를 더 많이 그리고 더 세련되게 진화시켰는데, 맥린(1978)은 뇌 특히 대뇌피질이 그것이라고 보았다. 대뇌피질이 발달한 덕분에 의사소통 기술이 정교해졌고, 의사소통 기술로 인해 집단에서 일어나는 대인관계 문제를 해결할 수 있었다. 우리는 앞에서 영장류와 인간 유아의 몸짓 의사소통이 매우 비슷하다는 것을 보았다. 이것은 의사소통이 생존을 위해 진화된 것임을 보여준다.

벌의 경우, 날개 소리 같은 특정 진동으로 의사소통을 한다. 여왕벌은 어떤 주파수의 진동으로 지시를 내린다. 이 지시에는 다른 여왕벌이 꼼짝 못 하게 하라는 지시도 포함되어 있다. 이 명령에 따라 움직이는 일벌

덕택에 벌 집단은 평화로운 여왕벌체계를 유지할 수 있다. 만약 이런 의사소통이 불가능하다면 여왕벌이 여러 마리 생길 것이고 벌 집단은 곧 엉망이 될 것이다(Wilson, 1975). 결국, 벌 집단은 싸움과 분열로 파국을 맞이할 것이다. 이런 측면에서 볼 때 집단에서의 의사소통은 매우 중요한 역할을 한다.

인간의 집단생활을 가능하게 만드는 두 번째 요인으로 보웬은 자아분화를 들었다. 자아분화는 개별성과 연합성 두 힘 간에 균형을 맞추는 능력이다. 집단구성원이 되어 팀을 위한 과제를 수행할 수 있으면서, 동시에 독특하고도 고유한 한 인간으로 살 수 있다. 자아분화로 인해 함께 있거나 떨어져 있어도 불안하지 않다. 불안할 때 인간 역시 다른 생명체처럼 살아남기 위해 감정체계가 작동되지만, 자신을 객관화해 볼 수 있는 사고체계도 작동시킬 수 있다. 감정체계만 작동한다면 감정을 폭발하거나 기분대로 행동해서 집단을 위험에 빠뜨릴 수 있다(Kerr & Bowen, 1988). 결국, 자아분화를 얼마나 성취하느냐, 사고체계가 얼마나 잘 기능하느냐에 따라 집단의 건재함이 달려있다. 인간이 살아남기 위해 진화를 거듭한 결과 얻게 된 감정체계가 가족이다. 가족의 존립과 가족 건강 여부는 인간 생존을 결정하는데 이때 자아분화는 결정적인 요인이 된다.

2. 그대에게 물들어 간다, 감정적 의미

인간은 생존에서 관계가 매우 중요하다. 또 가장 어려운 것이 관계이기도 하다. 인간은 관계에서 자기 나름대로 감정적 의미를 가진다.

감정적 의미 emotional significance 란 다른 사람이 하는 생각, 느낌, 말, 행동에 따라 혹은 다른 사람이 생각, 느낌, 말, 행동을 어떻게 할 것이라고 상상하는 것에 따라 감정적으로 또는 주관적으로 영향을 받는다는 뜻이다. 감정적 의미를 가질 수밖에 없는 인간에게 개별성과 연합성은 매우 중요한 개념이 된다(Kerr & Bowen, 1988).

이를테면 B의 어떤 행동을 보고 A는 그 행동이 '무엇'이라고 나름 느끼고 해석한다. 함께 식사한 후 차를 같이 할 것이라고 A는 기대했다. 그런데 기대와는 달리 B는 식사를 마치고 바쁘다며 곧장 자리를 떠났다. A는 B가 자신에게 뭔가 마음이 상했다고 느꼈다. A의 이런 느낌은 실제이거나 혹은 상상일 수도 있다. 어쨌든 이런 두 사람의 감정적 과정은 지극히 A의 주관적인 반응이다. A는 B의 행동이 마음에 걸리고 무엇 때문에 그러는지 궁금했다. 그렇지만 직접 이야기하기에는 모호했다. 문자를 던져 보기도 하고 B의 주위를 맴돌기도 하다, 마침내 A는 B에게 "일을 마치고 함께 가자"는 제안을 한다. 그러자 B는 바쁘다며 또 거절한다. 이 순간 A는 자신의 짐작이 맞다고 결론 내린다. A가 주관적인 것으로 받아들인 것은 B의 반응에 따라 이제 확실한 사실이 된다. A에게 B의 반응은 객관적인 실체가 되는 것이다. 이런 A의 객관적 사실은 B에게 다시 주관적인 것이 되어 해석된다.

보웬은 이런 과정을 **감정의 흐름** 감정과정 이라고 했다. 감정이 어떻게 흐르는지를 아는 것이 바로 사고체계의 기능이다(Kerr & Bowen, 1988). 우리는 많은 경우 감정의 흐름을 알아채지 못하고 산다. 무슨 일이 일어났을 때 상대방의 탓으로 돌린다. 아들이 사고를 치면 어머니는 아들이 잘 못했다고 생각한다. 어머니는 자신이 자기 방식대로 아들을 느끼고 판단한다고 여기지 않는다. 감정의 흐름과 사람들 안에서 무엇이 일어나는지, 무엇을 주거니 받거니 하는지를 연합성^{친밀감}과 개별성^{거리감}의 관점에서 본다면 상황에 대한 해석은 상당히 달라질 것이다.

3. 개별성과 연합성의 균형 맞추기

개별성과 연합성 사이에는 '균형 balance'을 맞추기 위한 역동이 일어난다. 관계를 맺기 위해서는 관계에 에너지를 투입해야 한다. 투입된 에너지의 양만큼 똑같은 크기로 관계에서 벗어나려는 에너지가 동시에 생긴다. 이러면서 관계에 균형이 이루어진다(Kerr & Bowen, 1988). 마치 물리학에서 작용-반작용 법칙처럼 양방향으로 투입되는 에너지의 양은 균형을 이룬다. 연합성과 개별성의 균형을 보웬은 다음과 같이 설명했다.

첫째, 관계가 균형을 이루게 되면 관계는 편안하고 조화롭다. 그 이유는 개별성과 연합성 간에 힘겨루기가 없어졌기 때문이다. 불안이 낮은 시기에는 개별성의 힘이 강해서 가족원은 각자 자기 삶을 자율적으로 살아간다.

균형이 깨졌다는 의미는 관계가 불안해졌다는 뜻이다. 불안이 올라가면 연합성의 힘이 무척 강해진다. 예를 들어 전쟁이라는 극도로 불안한 사건을 만나면 우리는 죽기 살기로 단결하여 적에 맞선다. 집안에 힘든 사건이 생기면 가족은 함께 모여 머리를 맞대고 해결 방안을 강구한다. 불행한 일을 겪을 때 우리는, 우리에게 정서적인 지지와 위안을 줄 그 누군가가 필요하다. 이 예들은 모두 불안을 극복하고자 연합성이 힘을 발휘하는 장면이다. 하지만 연합성의 위세가 너무 강해지면 곤란한 일이 생긴다.

연합성이 강해지면 사적 영역이 침범되고 사생활 보호가 어려워진다. 그러면 개별성이 힘을 내면서 관계에서 벗어나라고 한다. 연합성이 더 강하게 몰아붙이면 더 이상 참기 어려운 상황이 된다. 숨이 막히고 상대방에게 흡수당할 것 같고 괴성을 지르며 뛰쳐나가고 싶어진다(Kerr & Bowen, 1988).

반대로 개별성의 힘이 강해지면 외롭고 고립된 것 같은 기분이 든다. 때론 거부당한 느낌, 사랑받지 못해 버려진 느낌도 든다. 이런 감정은 불안을 일으켜서 연합성의 힘을 강하게 만든다. 연합성의 힘으로 인해 우리는 사람에게 기대고 의지하고 위로받고 싶어진다. 우리는 사람들과의 관계에서 멀어졌다, 가까워 졌다를 반복하며 끊임없이 균형을 잡으려 한다.

둘째, 개별성과 연합성의 균형을 맞추려면 어떻게 해야 하는가? 관계에 너무 많이 개입되었는지, 너무 멀어졌는지 어떻게 알 수 있는가?

불행하게도 그 단서는 상대방에게 있다. 상대방이 보내는 신호에 따라 멀어졌다, 가까워졌다 한다(Kerr & Bowen, 1988). 그래서 우리는 늘 상대방을 살피고 눈치를 봐야 한다. "너무 귀가 시간이 늦는 거 아니야? 일주일에 한 번은 같이 저녁 식사를 하자" 이런 표현은 분명하고 명확해서 헷갈릴 일이 없다.

그러나 단서는 대부분 아주 미묘한 시각적·청각적인 신호다. 그래서 말로 표현하기 곤란하다. 게다가 보내는 신호와 신호를 받는 반응은 자동적으로 순식간에 일어나서 알아차리기도 어렵다. 상대방에게 멀어지거나 가까워지는 것은 그저 본능적인 반응이다(Kerr & Bowen, 1988). 독립성과 자율성이 잘 발달된 사람만이 이 과정을 인식하면서 반응할 수 있는데 그렇게 하기란 쉽지 않다. 감정반응을 담당하는 것은 이성이 아니라 대부분 신체다.

셋째, 연합성이 강하면 의존적이 된다. 다른 사람이 없으면 홀로 서 있을 수가 없다. 다른 사람에게 의존할수록 그 사람에게 휘둘린다는 생각이 들고 관계가 불안해진다. 불안하면 자기 자신에게 질문할 수가 없다. 내가 무엇을 하는지, 왜 하려고 하는지에 대한 질문 없이 자동반사적인 행동을 하게 된다. 그러면 더 불안해지고 불안은 다시 또 다른 불안을 부르게 된다.

불안은 실제로 일어난 것일 수도 있고 상상일 수도 있다. 불안이 높아져 감당할 수 없게 되면 불안을 일으킬 수 있는 모든 관계를 멀리하면서 도망을 친다. 그 예가 노숙자, 만성 정신질환, 알코올중독, 약물중독에 빠진 사람들이다(Kerr & Bowen, 1988).

넷째, 연합성이라는 힘에 민감한 사람일수록 타인이 자신을 어떻게 대하는지 민감하고, 타인의 반응에 영향을 쉽게 받는다. 그 사람이 자신을 사랑하는지, 미워하는지, 혹은 질투하거나 협박하는지, 상대방의 행동을 보면서 자동으로 반응한다. 상대방 중심으로 세상이 돌아가는 것 같다.

하지만 역설적으로 이것은 자신이 세상의 중심이라고 여기는 것과 같다(Papero, 2004). 상대방을 온통 자신과 관련지어 생각하고, 상대방이 그렇게 행동하는 것은 모두 자신과 관계있다고 생각한다. 남편의 표정이 '뚱'한 것은 아내인 자신 때문이고, 자녀가 삐뚤어진 것은 엄마인 자신 때문이다. 종종 아이들은 자기들 때문에 부모가 싸우는 줄 안다. 사고체계는 작동하지 않은 채, 나는 우주의 중심이 되었다.

우리는 '상대방이 나를 싫어한다'라고 종종 불평한다. 불평 대신 먼저 해야 할 것은 사고체계를 가동하여 '나는 그 사람을 좋아하는가?'라는 질문을 자신에게 하는 것이다. 그리고 '그 사람이 왜 나를 좋아해야 하는가'를 물어봐야 한다.

다섯째, 연합성과 개별성의 균형이 이루어질 때 관계는 비로소 발전할 수 있다. 그리고 관계에 들인 삶의 에너지 정도가 비슷한 사람끼리 어울리기 쉽다(Kerr & Bowen, 1988). 이 내용은 이 책의 후반부 '핵가족 정서체계'에서 더 깊이 다룰 것이다.

여섯째, 이렇게 가까워지고 멀어지는 관계 균형의 밀물과 썰물은 서로의 감정과 사고에 지대한 영향을 미친다. 이것은 꿈이나 환상에도 영향을 준다. 아내의 간섭과 잔소리에 질린 남편은 밤마다 멀리 도망가는 꿈을 꿨다. 그러다 남편이 장기 출장을 가면서 심리적 거리감이 생기자 남편은 편안해졌다(Kerr & Bowen, 1988).

3

부모 말을 잘 들으면 과연 떡이 나올까?

1. 가족 안에서의 개별성과 연합성

아기가 이 세상에 태어났을 때 아기의 생존에 필요한 것은 연합성이다. 아기는 어머니와 하나가 되는 강력한 연합성의 힘으로 삶을 시작할 수 있다. 반대로 지금 막 태어난 아기와 어머니 관계에 개별성이 강하다면 아기는 살아남기 어려울 수도 있다. 연합성은 가족이라는 이름으로 서로를 이어주지만, 연합성이 힘이 너무 세지면 가족에게 압박을 가하며 다음과 같은 것을 요구한다. "우리는 가족이다. 그러니 화목해야 하고, 한마음 한뜻이어야 한다.", "부모 마음이 얼마나 아프겠나, 부모를 먼저 생각해라.", "부모 뜻을 거스르지 마라 부모가 생각하는 대로 생각하고 행동하라." 이런 가족 분위기에서 다른 생각과 의견을 가지는 것은 불협화음을 일으키는 일이고 가족에 대한 반항이며 불효라고 여긴다.

<그림 2-2>에서 개인과 개인이 맞닿은 부분이 많을수록 연합성이 강한 것이고, **융합**되었다는 것을 의미한다. 융합이 될수록 가족구성원 각자의 '자기'는 희생되었다. 그림에서 맞닿지 않은 부분은 희생되지 않고 남아있는 개인적인 '나'다. 그림 A는 융합 _{맞닿은 부분} 이 적어 각 개인의 고유한 부분이 비교적 많다. 반면 그림 D는 융합이 강해 _{맞닿은 부분이 넓어} 그림 A보다 자기희생과 상실이 크다. 그림D는 관계에 온통 지배를 당하는 상태, 즉 미분화를 뜻한다. 겹쳐진 부분으로 인해 융합, 불안, 개인 기능의 손상이 발생한다.

A   B

C   D

<그림 2-2> 가족융합의 수준

그림 D에서 그림 A로 갈수록 분화수준이 올라간다. 그림A는 분화가 잘 이루어진 가장 이상적인 상태로, 각자가 독립적이면서 동시에 관계를 맺을 수 있다. 아마도 이런 상태는 이론에서만 가능할 듯싶다. 나를 존재하게 만든 것도 가족이지만, 개별성을 저해하고 '최상의 나'를 방해하는 것도 가족이다. 세상 모든 것에 빛과 그림자가 있듯, 가족도 그렇다. 사람들이 불안해질수록 개별성보다 연합성의 힘이 막강해진다. 왜냐면 그것은 진화의 산물로 그렇게 프로그래밍 되었기 때문이다.

불안해질수록 가족은 각 개인에게 가족과 같은 생각, 같은 감정, 같은 행동을 하도록 바라고 요구한다. 그래야만 가족이 평화롭게 잘 돌아갈 것 같기 때문이다. 또 가족은 가족 개개인을 지켜줄 수 있고 지켜준다고 굳게 믿고 있다(Papero, 1990). 부모 말을 잘 들으면 자다가도 떡이 생긴다는 말처럼, 가족의 뜻을 잘 따르면 행복하고 무탈할 것 같은 생각이 든다. 그러나 이것은 착각이다.

불안이 높은 가족일수록 가족 안에서 개별성은 손상되기 쉽다. 불안을 해소하기 위해 가족은 '자기'를 버리고 관계에 융합되라고 강하게 요구한다. 하지만 기대와 달리, 융합이 불안을 가라앉히기는 어렵다. 오히려 강한 연합성인 융합 그 자체가 불안을 만들어내 어려움을 가중한다. 때때로 우리는 "나도 힘든데 왜 너까지 야단이냐?"며 상대방을 비난한다. 이런 반응은 융합된 관계에서 일어나는 당연한 현상이다.

2. 융합의 다른 말, 불안하다

그러면 불안이란 대체 무엇인가? 불안이란 상상 혹은 실제 위협에 대한 유기체의 반응이다(Papero, 1990). 간단히 말하면 고조된 감정, 격앙된 감정을 불안이라고 부른다. 불안은 자동적이며 대부분 의식되지 않는다(Gilbert, 2004). 모든 생명체에 감정체계가 있듯, 마찬가지로 모든 생명체는 불안을 느낀다.

최근 식물도 불안을 느낀다는 연구결과가 있었다. 식물에 불을 붙일 때 식물이 어떤 반응을 보이는지 거짓말 탐지기를 이용하여 알아보는 실험이 있었다. 식물은 물을 줄 때도 불을 지를 때도 격렬한 반응을 보였다.

불안은 유기체 적응에 매우 중요한 기능을 담당한다. 진화할수록 불안과 관련된 생리적 체계는 더욱 복잡해진다. 위협에 대처하기 위해 유기체가 다양한 감정반응을 개발했기 때문이다. 불안에 과잉반응하거나 과소반응할수록 적응하기 어려워진다. 감정반응과 불안은 구분하기 어려워 보통 같은 뜻으로 다뤄진다(Kerr & Bowen, 1988).

3. 불안의 종류

불안은 크게 급성불안과 만성불안으로 나눌 수 있다. 급성불안 acute anxiety 은 실제 존재하는 위협에 대한 반응으로, 스트레스 요인을 만나는 동안에만 일어난다. 위험이 닥치면 보통 투쟁이나 도피 반응 중 하나를 취한다(Gilbert, 2004). 우리는 대체로 급성불안에는 잘 적응하는 편이다.

만성불안^{chronic anxiety} 은 우리가 늘 가지고 다니는 것으로, 배경처럼 깔린 불안이다. 원가족에서 성장하는 동안 만성불안은 학습되는데, 대체로 원가족의 불안 수준과 닮아있다(Gilbert, 2004). 만성불안은 관계에서 일어난 문제 때문에 생긴다. 낮은 분화수준의 경우 관계 균형이 깨지면 만성증상이 나타나는데, 그것은 지극히 자연스러운 수순手順 이다. 만성증상은 지금까지 스트레스에 가족이 적응해 온 흔적이기 때문이다 (Kerr & Bowen, 1988).

가족의 연합성을 강조한 대목 중 하나가 '부부 일심동체'란 말이다. 우리 문화는 두 사람의 부족한 부분을 메워 완전체가 되길 바란다. 하지만 부부관계가 기능적이려면 이미 완성된 두 사람이 만나야 가능하다. ½과 ½이 만나 1이 되는 것이 아니라 1과 1이 만나 2가 되어야 한다. 브래드쇼 Bradshaw (1988)는 두 사람은 이미 완성되었다고 여기기 때문에 완성을 위해서 서로를 의존할 필요가 없다고 했다. ½과 ½이 만난 관계는 서로의 부족한 부분을 메워줘야 하는 의존 때문에, 관계가 쉬이 피로해지고 불안해진다. 서로를 지지해주기는커녕 자기 욕구를 채우는 데 더 급급하다. 그러나 자신만으로 충분하다고 여기는 사람은 상대방의 자기실현을 기뻐하며 지지하는 부부가 될 것이다. 라이나 마리아 릴케의 '젊은 시인에게 보내는 편지'에 이런 문구가 있다. "서로가 상대방을 고독의 수호자라고 여기는 것이 가장 훌륭한 결혼이다".

4. 불행의 시작은 융합으로부터
융합된 관계는 감정 경계를 모호하게 만들고, 삶을 지겹게 만들며 불안을 높인다(Kerr & Bowen, 1988). 융합으로 초래된 관계의 어려움을 구체적으로 보면 다음과 같다.

첫째, 서로의 감정적 경계가 흐려지면 누구의 감정인지, 누가 감정을 책임질 것인지 애매해진다. 감정적 경계는 가족이 얼마나 건강한지를 알아볼 수 있는 중요한 기준이 된다. 감정이 누구 것인지 분명해야 감정의 주인이 감정에 대한 책임을 질 수 있다. 누구의 것인지 알 수 없게 되면 자신의 감정뿐 아니라 남의 감정까지 책임지겠다고 법석을 떨거나, 아니면 자신의 감정조차 책임지지 않을 것이다.

그러면 감정을 책임진다는 것은 무슨 뜻일까? 분노를 터트렸다고 하자. 어떤 일이 일어날까? 상대방은 나에 대해 적개심을 가질 것이다. 내게 실망해서 거리를 둘 것이다. 분노에 대한 보복도 있을 것이다. 친밀한 관계는 깨질지도 모른다. 감정에 책임을 진다는 것은 이런 것들을 모두 인정하고 감당한다는 것을 의미한다. 그러나 자신의 감정과 후폭풍을 인정하고 책임지는 사람은 드물다. 대부분 상대방이 분노를 제공했기 때문에 자신의 분노는 정당하다고 생각한다. 미성숙한 사람에게 책임이라는 의미는 없다.

둘째, 융합은 관계중독을 일으킨다. 관계의 딜레마-관계에 들어오라는 압력^{연합성}과 너무 들어왔다는 불편함^{개별성}-는 불안을 일으키는데, 딜레마는 자아분화가 100 수준일 때 없어진다. 분화수준이 낮을수록 관계에 집착이 커져 관계에 중독된다(Kerr & Bowen, 1988).

융합될수록 상대방이 내 삶의 주인공이 되어 내 삶을 좌지우지한다. 상대방이 자신을 어떻게 생각하고, 어떤 대접을 하는가에 따라 자신의 행복은 달라진다.

어머니는 어제 딸의 행동 하나가 마음에 자꾸 걸렸다. 딸이 자신을 어떻게 생각하는지, 왜 그렇게 했는지 의문이 들어 머릿속이 복잡하다. 딸의 표정과 말투가 계속 뇌리에 남아 어머니는 괴로웠다. 어머니는 딸에게 무슨 이유인지 끊임없이 다그쳤다. 딸이 아무리 설명해도 어머니가 받아들이지 않자 딸은 점점 지쳐갔다. 어머니의 끈질긴 집착에 딸은 진저리가 났고 어머니에게서 달아나고 싶었다. 어머니가 어떻게 생각하든 뭐라고 말하든 이제 딸은 신경 쓰지 않기로 했다.

융합은 타인을 위해 생각하고 느끼고 행동하도록 만든다. 우리는 이것을 희생과 헌신이라 하고 배려와 책임감이라고 부른다. 근사하게 포장된 멋진 제목을 달았지만, 개인의 내면은 곪아 썩고 있다.

셋째, 융합이 심할수록 상대에 대한 집착은 강해지고, 상대방을 도망가게끔 만드는 만성적인 재촉이 있다. 여기서 중요한 것은, 자신의 불안을 해소하기 위해 상대방에게 적응을 강요한다는 점이다(Kerr & Bowen, 1988). 상대방에게 바라는 것이 많고 요구가 많다는 것은 자신의 경계가 약하고 불안이 높다는 것을 뜻한다.

넷째, 융합될수록 타인에게 맞출수록 불안도 덩달아 커지고 불안의 전염력도 강력해진다. 그렇게 되면 관계가 불안해지는 것은 한순간이다. 불안이 올라가면 스트레스 사건에 지나치게 예민해져 대처하기가 어렵다.

아내는 굳이 불편한 마음을 남편에게 말하고 싶지 않았다. '나 한 사람 참고 넘어가면 집안이 편하다'라는 어릴 때 배운 신념으로 ^{불안해서} 참기로 했다. 하지만 남편이 화를 내고 성질내는 것을 볼 때마다 속이 터진다 ^{불안하다}. 아내가 참기로 결정 내리는 순간, 아내는 불편한 감정뿐만 아니라 행복한 감정까지 모두 억압한다. 그래서 표정이 없다 ^{불안하다}. 남편과 좋은 관계를 위해 ^{불안하지 않으려} 아내는 온 힘을 쏟는다 ^{불안하다}.

한편 남편은 아내를 볼 때마다 아내의 마음을 도통 모르겠다 ^{불안하다}. 아내의 표정은 그저 무덤덤할 뿐 별 반응이 없다. 남편은 '아내는 나와 사는 것이 그다지 행복하지 않구나. 나에게 별 관심이 없고 나를 사랑하지 않는 게 분명하다'라고 생각한다 ^{불안하다}. 남편과 아내의 입장과 서로에 대한 해석이 첨예하게 다르니 오해만 자꾸 쌓인다. 남편은 아내의 반응을 떠보려고 애를 쓰지만, 남편의 의도는 번번이 실패한다 ^{불안하다}. 남편이 그럴수록 아내는 남편의 행동이 더 거슬리고 화가 난다 ^{불안하다}. 결국, 곪았던 감정들은 터지고야 만다. 부부는 상대가 자신을 거부한다고 비난하며 치열한 전쟁을 치른다 ^{불안하다}. 그 결과 부부는 서로가 융합되어 부부 사이에서 발생하는 스트레스와 긴장을 제대로 다룰 수가 없다.

다섯째, 융합된 관계는 자아를 취약하게 만든다. 융합된 관계는 분란과 싸움을 일으킬 것 같은 말과 행동을 피하는데 에너지를 다 써버려, 정작 원하는 관계를 만들 에너지가 없다. 또 자신을 위해 사용할 에너지도 없다. 그 결과 자아는 더욱 취약해진다.

어머니의 최고 관심사는 자녀의 성적이다.
자녀는 어머니의 뜻에 따라 좋은 성적을 받지만, 융합으로 인해 자녀의 자아는 취약해진다.

<그림2-3>

여섯째, 융합된 관계는 지루함과 지겨움을 불러일으킨다. 타인의 행복에 관심을 쏟고 평온한 관계에 초점을 맞추다 보면, 자신을 돌볼 수 없어 불만이 쌓여 간다. 그래서 삶이 따분하고 공허하다. 공허함을 채우기 위해 이런저런 시도를 해보지만, 신선한 기분전환은 오래가지 못한다. 점입가경으로, 상대에 맞추면 맞출수록 상대방은 내가 할 수 있는 이상을 요구한다(Kerr & Bowen, 1988).

융합은 각자의 경계가 약해서 생기는 일이다. 경계를 만드는 것은 나의 정체성을 튼튼히 만들고 나를 보호하는 일이다. 또한, 경계가 생긴다는 것은 거리감이 생겨 서로 소원해지는 것이 아니라 더 친밀하게 만드는 일이다. 왜냐면 경계가 있으면 일방적인 것이 없어지기 때문이다.

3장에서는 이 책의 가장 중요한 개념인 자아분화에 대해
이야기를 하려한다. 진화의 결과 인간은 똑똑한 머리를 갖게 되었다.
관계에서도 명석한 두뇌를 활용해야 하는데 그것이 자아분화다.

첫번째는 자아분화의 의미
두번째는 높은 자아분화수준과 낮은 자아분화수준
세번째는 자아분화 수준을 결정하는 근원지를 다룰 예정이다.

자아분화

1

건강한 대안, 자아분화

인간관계 특히 가족관계는 가까워져도 문제가 되고 너무 멀어져도 문제가 된다. 그럼 어떻게 살아야 하는가? 보웬은 자아분화라는 개념을 제안했다. 앞에서 우리는 개별성과 연합성은 계속해서 균형을 맞추려 한다고 배웠다. 그런데 관계마다 개별성과 연합성이 균형을 맞춰지는 지점은 제각각이다. 그 이유는 사람마다 관계에 투자하는 삶의 에너지가 다르기 때문이다. 어떤 관계는 조금 멀찍이 있는 것이 편하고 어떤 관계는 가깝게 다가가 있는 것이 편할 수 있다.

보웬은 가족이 건강하려면 개별성의 힘이 강한 것이 좋다고 보았다. 개별성이 클수록 가족의 불안은 낮아져 가족 구성원은 자율적인 삶을 살수 있기 때문이다. 자율성이 향상되면, 다른 사람이 보내는 감정적·정서적·주관적인 압력이 어떻든 간에 자기가 결정한 방향으로 나간다. 그래서 자기 삶을 충만히 살 수 있다. 자기 삶을 결정한 대로 산다는 것은 이 기적이라는 의미도 아니고 인정 人情이 메말랐다는 뜻도 아니다. 그것보다는 자동적인 반응에서 벗어났다는 의미이고 선택을 할 수 있다는 의미이다. 선택의 폭이 넓어지면 어려운 상황에도 대안이 많아져 유연하게 대처할 수 있고 결국 적응력이 좋아지게 된다(Kerr & Bowen, 1988). 그렇다면 자아분화란 무엇인지 자세히 알아보자.

1. 자아분화의 의미

정신분석 이론을 가족체계이론으로 풀어썼다는 보웬의 가족치료이론에서 가장 핵심적인 개념은 자아분화 differentiation 다. 정신분석에서 '미분화된 자아덩어리 undifferentiated family ego mass'란 개념을 관계적인 특성을 부각하여 자아분화 개념으로 바꾸었다. 분화는 원래 생물학에서의 세포를 설명하기 위한 개념인데 보웬이 빌려와 사용하였다.

생물학에서 어머니 세포가 세포분열을 하면 딸세포들이 만들어진다. 이때 딸세포들은 어머니 세포와는 전혀 다른 기능을 하는데 이런 현상을 분화라고 한다. 서로 다른 기능을 하는 세포들이 만들어지면서 발달하는 것이 분화다(네이버 지식백과, 분자·세포생물학백과). 예를 들어 식물은 암술과 수술이, 동물은 난자와 정자가 만나 수정란이 된다. 수정란에는 어떤 특별한 기능을 하는 기관이 아직 없다. 수정란이 분열을 거듭하고 발달해가면서, 식물은 잎이나 뿌리가 생기고 동물에는 뇌나 소화기관이 나중에 생긴다. 이 과정을 분화라고 한다.

사람도 마찬가지다. 처음에는 연합성이라는 생명력으로 출발하기 때문에, 아이와 가족은 하나로 사고하고 느끼고 행동할 수 있다. 하지만 이 연합성 때문에 가족으로부터 분리가 어려워지기도 한다. 자아분화를 한 마디로 말하면, 부모로부터 떨어져나와 한 사람으로 나아가는 것이다. 설령 자녀가 부모와 견해와 생각이 다르더라도, 자녀 방식대로 행동하더라도, 부모가 불평이나 비난하지 않고 자녀의 뜻을 존중한다. 이런 방식에 부모도 자녀도 불안하지 않다. 자아분화를 이루었다는 것은 부모와 자녀가 인격 대 인격의 관계를 이루었다는 것이다. 그래서 자기 존재로 자기만의 삶을 풍성하게 살 수 있다. 보웬은 분화를 존재하는 방식이라고 했다. 융합의 반대말인 자아분화는 자아강도, 정서적 성숙과 같은 뜻으로 보아도 무방하다.

보웬의 가족치료는 이전 심리치료와는 다른 새로운 시각을 제시하였다. 다른 심리치료에서는 다루지 않았던 신체적 차원을 이론에 포함했다. 또 나이 든 사람에게 심리치료를 권하지 않았던 이전 이론과는 달리, 보웬은 모든 연령대를 포함하였다. 우리는 인생의 모든 시점을 건강하게 살 수 있어야 한다. 그것은 노인이 되어서도 마찬가지다(Gilbert, 2004).

자아분화 수준이 높아졌다는 것은 어떤 의미인가? 그것은 자신의 가족체계를 이해한다는 의미이다. 또 자신의 감정반응을 이해한다는 의미이고 자신이 속한 가족 안에서 자신의 기능지위를 안다는 의미다(Papero, 1990). 이런 것들은 앞으로 우리의 성취 할 목표가 될 것이다. 분화는 치료기법이 아니다. 기법은 다른 사람을 변화시키기 위한 노력이기 때문이다(Kerr & Bowen, 1988). 자아분화는 오로지 자신에만 집중하지 다른 사람에게 왈가왈부하지 않는다.

2. 개별성과 연합성에서 본 분화

자아분화는 연합성보다는 개별성의 힘이 더 강해서 관계로부터 분리되는 것을 말한다. 윌슨(1975)은 독일 우화를 인용하여 개별성과 연합성의 균형을 다음과 같이 보여주었다. "추운 날 밤 서로의 온기가 필요한 고슴도치가 너무 가까이 있으면 찔리고, 너무 멀어지면 추워서 견디지 못한다는 것을 깨닫고, 서로 찔리지 않을 만큼 거리를 두지만 따뜻함은 느낄 수 있는 적당한 거리를 알았다." 이것을 예의 decency 혹은 훌륭한 매너라고 불렀다.

3. 감정체계와 사고체계로 본 자아분화

보웬은 사고체계가 감정체계보다 더 효율적이고 강력하게 작동하는 것을 높은 분화수준이라고 했다. 감정체계가 더 강력하게 작동하게 되면 이성이 없는 본능적인 동물과 같다.

감정과 사고를 구별할 수 있다는 것은 자신의 기능이 감정에 의한 것인지, 사고에 의한 것인지를 **선택할 수 있다**는 의미이다. 그래서 이들은 선택의 폭이 넓다. 이런 사람을 분화되었다고 한다(Papero, 1990). 결국 자아분화는 감정체계로부터의 분화를 의미한다.

어린 시절 가족의 분위기가 불안한 경우 감정체계로부터의 분화가 어려울 수가 있다. 갈등이나 싸움이 잦은 가족에서 자란 자녀는 강렬하고 혼란스러운 감정이 누구 때문에 일어났는지, 누구의 감정인지 알기가 어렵다. 왜냐면 감정적으로 융합된 가족이라서 경계가 분명하지 않기 때문이다. 아이들은 어른들의 감정에서 비켜나 있고 보호되어야 하지만, 가족 모두 감정의 소용돌이 속에 빠져있어서 그것을 해줄 사람이 없다. 부모는 가족의 혼란이 자녀와 무관한 것이라는 것을 알려줄 생각도 못 할 뿐더러, 가르쳐 주는 방법도 모른다. 자녀는 점점 가족들은 같은 느낌과 같은 생각을 가지게 되면서 감정 융합은 심각해진다. 강력해진 융합은 불안으로 인해 더 강해지고 심각한 감정반응을 불러일으킨다. 큰 소리로 고함을 치며 싸우는 부모 옆에는 큰소리를 지르며 말리는 자녀가 있다. 자녀는 부모의 감정과 똑같은 감정을 가지면서 관계에 융합된다. 옆방에서 숨죽이며 난리통을 피해 있는 자녀 역시, 부모의 분노와 슬픔, 좌절 그리고 공포를 온몸으로 느끼며 융합되어 가고 있다. 분명 자녀는 부모와 다른 입장이 있을 것이다. 부모는 그것이 무엇인지 물어봐 주고 이해해줄 필요가 있다.

융합은 걱정이라는 형태로 가족 안에 존재한다. 관심과 걱정이라는 근사한 포장지 안에는 과도한 개입, 간섭, 부담감이라는 반갑지 않은 내용물이 있다. 그래서 관계는 쉽게 피로해지고 불편해진다. 감정체계가 사고체계를 마비시켜 자동적 감정반응은 커지고, 그러다가 감당이 안 될 정도로 힘들어지면 '정서적 단절'이라는 방법으로 도망치게 된다. 이런 과정을 '원가족과의 분화가 이루어지지 않았다'고 한다.

감정체계가 사고체계의 기능을 마비시키면 사소한 자극과 단서에도 예민해지고 쉽게 불안해진다. 자아는 관계에서 일어난 일로 온통 지배당하고 강렬한 감정반응과 자동적인 반응만 있다. 커와 보웬(1988)은 이들을 "관계라는 감옥에 갇혀있는 죄수와 같다"고 했다. 이런 가족 안에서 자라는 아이는 자아가 약하고 존재감이 없어서 유령과도 같다. 자녀에게는 부모 뜻에 전적으로 따르던지, 아니면 반항을 하는 두 가지 선택지밖에 없다.

4. 참자기와 거짓자기로 본 자아분화

자아에는 '참자기 solid self '와 '거짓자기 pseudo self '의 두 가지가 있다. 보웬은 높은 자아분화 수준이란 참자기가 거짓자기보다 많은 것이라고 했다. '견고한 자기'라고 부르기도 하는 참자기는 자신의 욕구, 자기 생각과 감정을 아는 것이다. 그래서 '나는 누구인지, 내가 무엇을 할 것인지, 내가 왜 하는지'를 말할 수 있다.

거짓자기를 만드는 가장 중요한 요인이 바로 '관계'다. 어린아이는 불안해지면 부모 없이 살 수 없을 것 같고, 어려움을 헤쳐 나갈 수 없을 것 같다. 부모가 너무 중요한 존재고 부모의 사랑이 절대적이라는 생각이 드는 순간, 거짓자기가 만들어진다. 관계에 속하는 것, 다른 사람에게 괜찮은 사람으로 인정받는 것, 자신의 입장은 어떤지 깊이 생각 않고 다른 사람을 따라 하는 것, 생각 없이 미성숙하게 자동반사하는 것이 바로 거짓자기다.

거짓자기는 관계 안에서 연합성의 힘에 의해 만들어진다고 보웬은 보았다. 거짓자기는 관계에 영향을 쉽게 받아 자기 자신을 과장한다. 실제

자기보다 유능한 척, 강한 척, 약한 척, 아픈 척을 한다. 과장된 모습은 모두 가짜라고 보웬은 보았다.

8남매의 장남으로 가난한 집에 태어난 아버지는 형제들 가운데 부모가 공부를 시킨 유일한 자녀였다. 그런 이유로 아버지는 어린 동생들을 데려다 먹이고 공부시켰다. 동생들이 커서는 시집·장가를 아버지가 다 보냈다. 아버지는 과대기능자 슈퍼맨이다. 뛰어나고 우월한 능력이 있어서 슈퍼맨이 된 것이 아니라, 가족 안에서 기능의 교환이 일어나 거짓자기가 만들어졌기 때문이다.

집단은 개인이 혼자서 할 수 없는 것을 할 수 있게 개인의 기능을 '끌어올릴' 수도 있고, 반대로 한 사람의 기능을 잃게 만들 수도 있다. 불안해지면 거짓자기는 더 활성화된다. 힘이 있는 사람 A의 신념, 태도, 가치가 강해지면, 상대방 B는 A가 옳다는 확신이 든다. 반면 B는 자신에 대한 확신이 없어진다. A는 '강한' 자기가 되고 B는 '약한' 자기가 된다 (Kerr & Bowen, 1988).

거짓자기는 권력이나 돈, 인정과 같이 힘을 가진 사람에게 자기 자신을 자동적으로 맞춘다. 그래서 거짓자기가 주인 노릇을 하게 되면 그루밍grooming 성폭력 같은 일에 휘말릴 수 있다. 가해자는 주위에 상대적으로 약한 자를 물색하고 그 사람의 취약점을 파악한다. 그런 다음 감언이설로 꼬드겨 피해자의 마음을 얻는다. 피해자의 중요한 욕구를 채워주고 많은 도움을 준다. 그래서 피해자가 자신을 확실하게 믿고 의존하도록 만든다. 그 다음 소문으로 피해자를 고립시키거나 곤란하게 만든다. 혹은 강력한 조종으로 피해자를 꼼짝 못 하도록 한다. 그리고 나서 가해자는 성관계가 가능한 상황을 연출하는데, 이때 피해자는 '설마 나쁜 일이 일어나겠나' 하는 마음으로 그 초대를 받아들인다. 피해자는 꼼짝없이 당할 수밖에 없다. 피해자는 객관적이고 현실적인 상황 파악 능력이 거의 없다. 가해자가 조종하는 꼭두각시일 뿐이다.

거짓자기는 우리 일상에서 예의로, 체면으로, 허세로, 가면으로, 괜찮은 모습으로 자주 출현한다. 사회적응을 위해 거짓자기는 어느 정도 필요하지만, 결정적인 순간에는 참자기가 주인 노릇을 해야 한다고 위니컷 Winnicott 은 주장했다.

결혼 시기는 거짓자기가 가장 활발하게 움직이는 때다. 부부의 거짓자기는 서로 녹아 관계 속에 합쳐진다. 거짓자기는 상대방의 요구에 따라 새로 만들어지기도 하고, 상대방이 원하는 대로 변하기도 한다. 그래서 결혼한 후 부부들은 서로에게 속았다고 하고 사기당했다고 말하는 것이다(Kerr & Bowen, 1988).

부모가 자녀의 자유로운 에너지와 충동, 감정과 창의력을 가진 참자기를 대했을 때 불안을 느끼는 부모도 있다. 그것은 부모의 어린 시절, 자신의 참자기가 존중받지 못하고 함부로 취급받았기 때문이다(Richo, 1991). 이런 경우, 부모는 자녀의 참자기의 출현을 반갑게 환영할 수가 없다. 오히려 비난하고 질색하며, 그럴싸한 규칙을 대면서 자녀를 훈육한다. 하지만 그 규칙은 어린 시절의 두려움으로 만들어진 것이라 자녀에게는 훈육보다는 두려움과 불안만 전해진다. 이렇게 되면 가족의 역할을 유지하기 위해 부모라는 거짓자기와 자녀라는 거짓자기로 만나게 된다. 우리는 이것을 부모의 도리고, 효도라고 믿는다.

자아분화의 두 가지, 기본분화와 기능분화

보웬은 자아분화를 크게 기본분화와 기능분화로 나누었다. 기본^{basic} 분화는 원가족 대대로 내려온 분화 정도로 다세대 감정과정에 따라 결정된다. 보통 사춘기 무렵 결정되어서 일생동안 지속된다.

반면 기능분화 수준을 결정하는 것은 가족의 만성불안이다(Kerr & Bowen, 1988). 만성불안은 연합성의 힘을 불러일으킨다. 그러면 관계에서 자기의 교환이 일어나고 그 결과 관계에서 과대기능과 과소기능 역할을 만든다. 그래서 자아분화 수준을 보려면 기본수준과 기능수준 두 가지를 함께 고려해야 한다. 보웬은 기능수준과 기본수준은 반드시 일치하는 것은 아니라고 했다. 예를 들어 기본수준이 30인 두 사람이 결혼했다고 하자. 그 과정에서 '자기의 잃음과 얻음'이 일어나 한 사람의 기능수준은 40이 되고 다른 사람은 20이 된다. 그래서 겉에서 보이는 기능은 기본분화수준이 같음에도 불구하고 다르게 보인다.

기능분화보다 기본분화가 더 중요한 개념이다. 왜냐면 기본분화가 높아질수록 기능분화도 함께 올라가기 때문이다. 그리고 기본분화가 높아질수록 기능의 교환이 일어나지 않는다. 기본분화가 낮은 경우 기능분화수준은 하루에도 몇 번씩 변할 수 있다(Kerr & Bowen, 1988). 무엇보다 중요한 점은 기본분화는 학습이 가능하다는 점이다. 배우고 노력하여 분화수준을 높이는 것이 가족치료의 핵심이 된다(Papero, 1990).

이혼이나 죽음과 같이 배우자가 떠나는 사건을 겪으면서 남아있는 배우자의 기능이 극적으로 좋아지거나 혹은 심각하게 기능이 떨어질 수 있다. 부모가 사망했을 때 자녀의 기능분화 수준은 오랫동안 낮아지기도 한다. 가족 구성원을 잃었을 때도 기능분화 수준은 변하지만, 가족 구성원이 새로 생겼을 때도 기능분화 수준은 변할 수 있다. 자녀가 태어나면서 부부의 기능은 좋아질 수도 혹은 떨어질 수도 있다(Papero, 1990). 이것은 모두 기능분화가 변한 것이지 기본분화가 변한 것은 아니다. 기본분화 수준이 높을수록 탄생과 죽음과 같은 사건에 기능이 급격하게 변화하는 일이 드물고, 비교적 적응을 잘 한다(Kerr & Bowen, 1988).

자아분화 수준과 척도

커와 보웬(1988)은 기본분화를 측정할 수 있는 방법을 다음과 같이 제시했다.

1) 한 사람의 전 생애 동안 기능수준의 평균
2) 가까운 관계 사람의 기능수준의 평균

분화 수준을 정확하게 측정 할 수 있는 방법은 아직 없다. 그 이유는 첫째, 낮은 점수의 사람들은 거짓자기의 기능수준 범위가 너무 넓어 변화가 많기 때문이다. 제대로 자아분화를 측정하려면 평생을 걸쳐 측정한 후 평균을 구해야 하는데(Gilbert, 2004), 이것은 현실적으로 어려운 일이다. 자아분화수준을 정확하게 알기 어려운 두 번째 이유는 관계에서 기능의 거래로 인해 얼마를 빌려주고 얼마를 얻어왔는지 알아내기가 어렵다는 것이다.

분화 수준은 0점에서 100점까지 사이의 점수로 볼 수 있다. 완벽한 분화 100점은 감정적 애착 문제로부터 벗어난 상태, 충분히 발달한 성숙한 자아, 집단 안에서 온전한 한 개인이 되는 것, 타인보다는 자신에 대한 책임을 다하는 것을 의미한다. 0점은 가족으로부터 감정적 분리가 전혀 이루어지지 않아 온전히 한 개인이 될 수 없는, 자아가 없는 사람을 의미한다(Kerr & Bowen, 1988). 100에 해당할 만큼 매우 좋거나 0에 해당할 만큼 매우 나쁜 사람은 아무도 없다. 사람들 대부분은 이 둘 사이 어디 즈음에서 살아간다.

분화 수준이 정상적인지 비정상적인지는 별 의미가 없다. 가족이 감당할 수 있는 스트레스라면 어느 분화수준에 있든 가족은 잘 기능할 수 있다. 낮은 점수라 해도 아무 증상 없이 균형을 이루며 사는 경우도 있다.

높은 점수라 해도 극심한 스트레스로 증상을 보이는 사람도 있다. 하지만 대체로 낮은 점수의 사람들이 스트레스에 취약한 경향이 있다. 이렇게 볼 때 분화수준은 스트레스 상황에서 생긴 긴장과 불안을 관리하고 대처하는 힘이라고 볼 수 있다(Papero, 1990).

자아분화 수준이 높을 때와 낮을 때

인구 대부분은 30 이하에 분포되어 있으며, 50에 있는 것도 흔한 일이 아니라고 한다. 75는 수백 년에 한 번 나올까 말까 할 정도다(Gilbert, 2004). 자아분화를 정확하게 측정하는 도구가 없다면, 몇 점인지는 그다지 중요하지 않을 수 있다. 여기서는 낮은 분화수준과 높은 분화수준에 따라 기능에 어떤 차이가 있는지 보려 한다.

1. 불안 수준과 자아분화

만성불안이 너무 높을 때	만성불안이 낮을 때
- 높은 불안으로 인해 그릇된 결정을 내린다. - 그래서 많은 문제가 일어난다.	- 삶의 문제가 비교적 적다. - 하루하루 사는 것이 좋다. - 스트레스에도 잘 견딘다. - 그래서 증상이 적다.

2. 사고체계·감정체계와 자아분화

감정체계가 지배할 때 자아분화

- 객관적인 현실과 주관적인 느낌을 구분하기 어렵다.
- 중요한 결정을 할 때의 기준은 자기 기분이다.
- 자동적 반사행동이 많다.

사고체계가 감정체계보다 강할 때 자아분화

- 사고와 감정을 잘 구분할 수 있다.
- 결정할 때 이성적으로 할지, 감정대로 할지 선택할 수 있다.
- 강렬한 감정을 잘 감당할 수 있다.
- 불안을 덜려는 감정적·자동적인 행동이 적다.
- 신념과 확신이 있고 사고가 유연하다.

낮은 자아분화 수준	중간	높은 자아분화수준
0점	50점	100점
높은 불안 수준으로 인한 문제 발생.		낮은 불안 수준. 사는 것이 좋음.
자동반사행동. 기분에 좌지우지됨.		감정적 대신 유연한 사고.
강한 융합. 인정욕구에 지배당함.		약한 융합. 분명한 자아경계. 타인의 인정욕구에 휘둘리지 않음.
자기를 위한 에너지 부족. 약한 자기정체성.		건강한 자기정체성.
만성적인 역기능.		비교적 원활한 기능.

<표3-1> 자아분화 수준

3. 애착관계와 자아분화

유아적인 애착관계에 고착되었을 때 자아분화

- 원가족에서의 애착을 재연할 수 있는 관계를 원한다.
- 관계에 매우 의존적이다.
- 스트레스가 심할 때는 의존대상을 죽일 듯이 공격한다.

유아적 애착관계로부터 독립되었을 때 자아분화

- 유아기에 가지는 부모의 애착 욕구에서 벗어났다.
- '내면을 지향하는' 어른으로 성장했다.

4. 융합과 자아분화

융합이 강할 때 자아분화

- 융합 자체가 불안을 만들어낸다.
- 관계가 지지적이고 우호적일 때만 기능이 좋아진다.
- 주위 사람들에게 너무 민감하다.
- 삶의 에너지 대부분을 사랑받는 것 혹은 사랑을 주지 않는 상대를 공격하는 데 사용한다.
- 상대와의 차이점이 갈등의 원인이 된다.
- 관계를 꾸준하게 이어나가는 것이 어렵다.
- 매우 낮은 분화수준의 경우 관계를 포기한다.

타인과 분리되었을 때 자아분화

- 분명한 자아 경계선이 있다.

- 관계에서 융합이 적다.

- 역지사지가 가능하다.

- 칭찬이나 비판에 기능이 달라지지 않는다.

- 타인의 삶에 끼어들어 왈가왈부하지 않는다.

- 타인의 정체감을 존중한다.

- 타인에 대한 의존을 현실적으로 자각하고 있다.

- 관계가 필요하지만, 기능을 손상할 만큼 관계가 필요치는 않다.

- 타인과 다름을 인정한다. 다르다는 이유가 싸움의 원인이 되지 않는다.

- 자신과 타인에 대한 평가와 기대가 현실적이다.

5. 자아 성숙과 자아분화

자아가 미숙할 때 자아분화

- 관계에서 에너지 소모가 많아 자기를 위해 쓸 에너지가 부족하다.

- '나'라는 단어는 자기애적인 표현에 주로 사용한다.

  예) 나는 원한다, 나는 상처받았다, 내 권리를 주장한다.

자아가 성숙할 때 자아분화

- 건강한 정체성이 있어 자기가치감이 있다.

- '나'라는 단어로 분화된 표현을 한다.

  예) 나는 믿는다, 나는 ～이다, 나는 할 수 있다.

- 타인보다 자신 스스로를 책임진다.
- 원리지향적이고 목표지향적이다.

6. 만성화된 역기능과 자아분화

- 만성화된 신체적, 감정적, 사회적 역기능이 나타난다.
- 낮은 분화수준일 때 회복이 어렵다.
- 조현병, 치료 불가능한 마약중독과 알콜중독, 극단적인 비만

이때 신체적·정신적·사회적 건강은 기능을 알 수 있는 좋은 지표가 된다(Papero, 1990).

기능을 알 수 있는 중요한 항목으로
- 성공적인 관계
- 수명
- 사회·경제적 성공
- 교육적 성취
- 문란하지 않은 생식 reproductive orderliness 을 들 수 있다(Gilbert, 2004).

이때 치료의 대상은 당사자보다 관계에서 중요한 사람, 비교적 기능이 좋고 자신을 변화시키려는 동기가 있는 부모나 손위 형제가 적절하다. 그러나 대부분 관계가 단절되어 치료에 참여할 수 있는 사람이 거의 없는 경우가 많다(Bowen, 1985; Kerr & Bowen, 1988; Gilbert, 2004).

자아분화가 결정되는 곳, 원가족

어린 시절 중요한 사람들^{부모}과의 상호작용을 통해 자아를 형성해 가는 과정에서 분화가 이루어진다. 자녀가 분화되려면 먼저 아기의 욕구를 채워줄 만큼 가족이 안정적이고 안전해야 한다. 그리고 아기의 기본적인 욕구가 어느 정도 채워져야 한다. 둘째, 어머니의 분화수준이 요구된다. 왜냐면 어느 정도 분화를 이룬 어머니여야 두 가지 과제, 어머니 자신을 돌보는 일과 자녀 양육을 할 수 있기 때문이다. 분화수준이 낮은 어머니는 자신의 부모와 배우자도 완성해주지 못한 자신을 자녀가 완성해 줄 것이라 믿는다. 부모 자신의 완성을 위해서 자녀를 함부로 착취하고 학대한다. 그러면 자녀는 삼각관계에 걸리거나 유아적 애착 문제에 사로잡혀 분리가 어려워진다. 이런 식으로 가족은 미분화된 자아 덩어리가 되어 세대를 거치게 된다.

원가족으로부터 이어져 내려온 분화수준은 사람마다 다르다. 대체로 자녀는 부모가 이룬 분화수준과 비슷한 수준으로 기능한다. 하지만 같은 부모의 자녀라도 모두 똑같은 수준으로 분화를 하는 것은 아니다. 그것은 자녀마다 부모와의 상호작용이 다르기 때문이다(Kerr & Bowen, 1988).

자녀마다 부모의 기대가 다르고, 요구하는 역할이 다르며 투사의 내용이 다르다. 아버지에게 유난히 마음이 쓰이는 자녀가 있고 어머니에게 유난히 거슬리는 자녀가 있다. 자녀도 마찬가지다. 자녀마다 부모는 똑같은 부모가 아니다. 맏이가 어린 시절 만난 부모는 다른 형제가 어린 시절 만난 부모와 다르다. 맏이는 더 젊고 의욕 넘치며, 부모 역할 경험이 전혀 없는 생초보 부모를 만났다. 처음 하는 부모 역할이라 서툴고 시행착오가 많다. 게다가 부모가 젊은 탓에 에너지가 많다. 맏이가 불안한 이유는 부모가 불안하기 때문이다. 맏이를 통해 부모역할을 훈련한 부모는 동생들에게는 보다 안정되게, 보다 효율적으로 부모 역할을 하게 되고 맏이에 비해 덜 의존적인 관계를 맺는다. 이때 자신과는 사뭇 다르게 동생을 대하는 부모의 태도에 맏이는 불안을 느낄 수 있다. '부모가 연습을 통해 숙달되었구나'로 이해하는 것이 아니라 '자신은 왜 사랑받고 수용 받지 못하는가'라는 의문이 들고 그 이유를 자신의 탓으로 돌릴 수 있다.

분화수준이 높은 가족의 경우 감정 과정은 부부관계와 부모-자녀 관계에 그다지 큰 영향을 미치지 않는다(Bowen, 1985). 덕분에 자녀는 스스로 생각하고 느끼고 행동할 수 있다. 가족은 자녀를 가족 안에서 어떤 역할을 하는 사람이 아니라 분리된 하나의 독특한 개인으로 대한다. 자녀는 '자기' 자신을 만들어 갈 때, 가족의 불안이나 불안정한 애착 때문에 곤란을 겪지 않는다. 가족들도 자신들의 왜곡된 지각으로 자녀를 보지 않는다. 자녀의 타고난 기질과 성격을 있는 그대로 인정해준다. 자녀의 장점인 특성은 곧 단점이 된다는 것을 알고 있다. 자신의 상처나 대리만족 때문에 자녀의 진로를 좌지우지 않는다. 자녀의 성취가 부모 자신이나 가족의 것이라고 착각하지 않는다. 어떤 결정을 할 때, 가족의 감정적 압력 때문에 자녀가 가족 의견을 무작정 따르지 않는다.

배우자 선택을 할 때, 배우자 결정 기준이 어떠한가를 보면 분화수준을 대충 가늠할 수 있다. 다음과 같은 예가 있다.

1) 딸은 미래의 배우자가 아버지 같지 않기를 바란다. 아버지는 술 마시고 담배를 피우며, 욕하고 때리고 걸핏하면 어머니를 구박하고 이웃과도 싸운다. 만약 아버지를 닮은 사람이라면 바로 아웃이다. 자신의 배우자는 아버지와 정반대 성격을 가진 사람이면 좋겠다.

2) 결혼의 목적이 집을 떠나기 위해서다. 결혼 전에 독립하는 것이 허용되지 않으니, 될 수 있는 대로 결혼을 빨리해 집을 떠나는 것이다.

3) 내 가족과 잘 지낼 수 있는 사람, 부모를 잘 돌봐줄 사람을 고른다.

4) 부모가 고른 배우자를 아무 불평이나 이견 없이 받아들인다.

5) 가족의 수치스러운 부분을 가릴 수 있는 사람을 택한다. 부모의 이혼이 수치스러운 자녀는 배우자를 고를 때 부모의 이혼이라는 흠에 트집을 잡지 않을 것 같은 사람을 고를 것이다. 배우자 선택에 수치심이 강력하게 작동하는 경우다.

6) 형제자매들 간의 경쟁에서 우월해지기 위해 배우자를 선택하는 경우다. 사회적으로, 경제적으로 성공한 배우자를 선택하면서 형제자매들에게 '내가 이겼다'라고 생각하는 것이다.

이밖에도 많은 예가 있겠지만 이런 기준으로 배우자를 선택한다는 것은 모두 미분화의 증거가 될 수 있다. 이렇게 배우자를 고르는 것을 브래드쇼(1988)는 "원가족의 최면에 걸려있다"라고 했다. 분화가 낮은 가족의 경우, 자녀가 스스로 생각하고 느끼고 행동하는 것을 허용하지 않는다. 부모와 자녀는 서로 자동으로 반응한다. 청소년기 자녀가 부모에게 반항을 하고 부모와 자녀의 갈등으로 집안이 쑥대밭이 되는 경우가 그 대표적인 예다. 다음은 커와 보웬(1988)이 청소년기 가족을 든 예를 재구성한 것이다.

가족에 융합되어 있을수록 자녀의 반항은 드라마틱하다. 부모도 분화되지 않았고 자녀도 분화되지 않았다. 자녀의 반항은 그저 가족의 분화수준이 어느 정도인지를 보여줄 뿐이다. 자녀는 미숙하고 미분화된 부모에 대항하기 위해, 반대에 대한 반대를 하기 위해 반항한다. 이제 자녀의 애착 대상은 더 이상 부모가 아니다. 삐딱하게 일탈을 일삼는 또래가 부모를 대신했다. 자녀는 또래의 인정을 얻는 것에 목숨을 걸었다. 자녀의 이런 행동은 부모에게 상처를 주려고 일부러 그러는 것이 아니다. 자녀는 그저 부모의 심한 반대를 온몸으로 겪을 때 살아있는 기분이 들기 때문이다. 자녀는 부모의 감정반응을 자신의 행동을 정당화하는 데 사용한다. 부모의 불안과 과민반응 그리고 이해할 수 없는 과격한 행동을 보면서, 문제는 자신이 아니라 부모라고 굳게 믿는다. 부모의 불안이 심각해질수록 자녀는 극단적이고 심각한 문제행동만 골라서 한다. 자녀의 문제행동이 심해질수록 부모의 개입과 반대는 더 극심해진다.

어머니는 자녀를 망칠지도 모른다는 두려움이 든다. 그래서 자녀를 구해야 한다는 절박함으로 문제에 뛰어든다. 섶을 지고 불에 뛰어드는 격이다. 자녀가 문제의 원인을 부모로 두듯, 부모 역시 문제 원인을 자녀에게 둔다. 자녀를 바르게 잡겠다고 정신없이 동분서주하는 부모의 행동은 자녀와 마찬가지로 미분화된 자동 반응이다. 부모는 부모로서 책임을 강조한다. 하지만 그것은 허울 좋은 명분일 뿐, 부모가 하는 여러 행동 역시 부모가 불안해서 하는 행동이다. 아버지의 개입도 별 소용이 없다. 아버지도 불안해서 뛰어든 것이기 때문이다. 아내의 불안을 해결해 주려 자녀를 야단치고 협박하고 벌도 주지만, 오히려 문제를 더 크게 만든다. 아버지는 삼각관계에 빠져 문제에 불을 지르고 있다. 문제의 원인을 찾으려 하지만, 답을 알 수가 없다. 왜냐하면, 정작 중요한 요소인 관계과정을 볼 수 없기 때문이다. 부모가 구해 주려고 하면 할수록, 자녀는 더 비뚤어진다. 더는 감당이 안 되자, 부모는 자녀에게 가혹한 벌을 내리며 복수를 한다. 그러면 자녀는 더욱 불안해진다. 자녀의 정체성은 '부모의 말은 죽어도 안 듣는 아이'라서, 자녀는 불안이 심해질수록 부모와 첨예한 대립각을 세운다. 불안은 확산되어 자녀뿐만 아니라 다른 사람까지 문제에 휘말리게 만든다. 부모가 원하는 방향과 정반대로 자녀가 가게 하는 것은 바로 부모 자신이다. 이런 과정을 보며 부모의 무의식은 안정을 찾는다. 자녀가 삐뚤어지고 망가지는 것을 보며 부모는 '올 것이 왔구나, 그러면 그렇지'라고, 자신들의 상상이 틀리지 않았다고 생각하며 안정을 찾는다. 부모의 불안은 상상을 현실화하는 강력한 힘을 가지고 있다.

 부모와 자녀는 자신의 행동이 서로에 대한 자동적 반응인 줄 전혀 알아챌 수 없다. 감정반응에서 비롯된 행동이나 신념은 대개 일관성이 없다. 그래서 그다지 건강한 힘을 발휘하지 못하고, 오히려 가족을 다 같이 불안의 도가니로 몰고 가는 힘이 있다. 이때 부모는 정신을 차리고 자기 자신에게 집중할 필요가 있다. 부모 자신의 사춘기 시절은 어땠는지, 그때 부모가 미처 처리하지 못한 과제가 있는지, 미해결 과제에 대한 원망이나 기대를 어떻게 다루었는지 그리고 그것을 자녀에게 투사하고 있는 건 아닌지 파악하는 것이다. 이 작업은 자녀와의 문제를 푸는데 무척 중요하다. 지금 부모는 반항하는 자녀와 똑같은 나이와 시절을 살고 있다.

이번 장에서는 가계도를 그리는 법과

가계도를 통해 얻을 수 있는 것에 대해 알아보려 한다.

---3-2장---

가계도

가계도 작성법

1. 가계도의 표준 기호 [1]

1. 성별과 출생, 사망 관련 정보

2. 결혼에 관한 정보

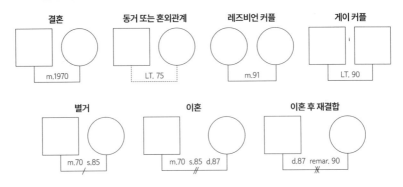

3. 출생 관련 정보

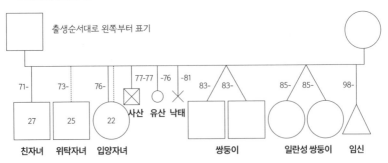

4. 심신 취약상태 표시

| 약물 또는
알코올 남용 | 남용이
의심됨 | 약물/알코올
남용에서 회복 | 심각한 정신적
신체적 문제 |

5. 대인 간 상호작용 표시

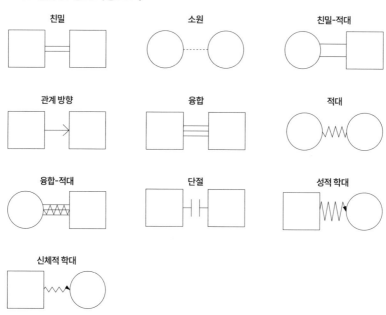

친밀　　　　　　소원　　　　　　친밀-적대

관계 방향　　　　융합　　　　　　적대

융합-적대　　　　단절　　　　　　성적 학대

신체적 학대

1　McGoldrick, Gerson, & Shellenberger(2008). 가계도-사정과 개입(이영분, 김유숙, 정혜정 역.).
　서울: 학지사. (원저 1999 출간). p.249 인용

2. 가계도의 예 2

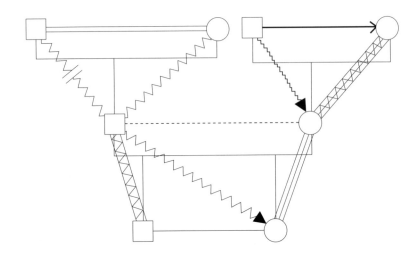

2   McGoldrick, Gerson, & Shellenberger(2008). 가계도-사정과 개입(이영분, 김유숙, 정혜정 역.).
    서울: 학지사. (원저 1999 출간). p.49 인용

가계도 그리기

가계도를 그리기 위해서는 출생일, 사망일, 사망원인, 직업력, 교육수준, 건강(신체적·정서적·사회적 역기능), 동거와 결혼력, 자녀출산, 이사 이력, 낙태·유산·사산 같은 임신과 출산의 역사 등을 자세히 알 수 있으면 좋다.

출생과 사망, 사망원인은 가장 기본적인 정보이면서 중요한 단서가 된다. 왜냐면 개인의 기능을 알 수 있는 중요한 요인이 수명과 건강이기 때문이다. 사망원인을 통해 유전적 요인과 가족기능의 상호작용을 알 수 있다. 특히, 우리 사회의 경우 6·25 한국 전쟁과 관련된 정보는 매우 중요한데, 가족구조가 와해되고 단절된 경험인 전쟁으로 인한 트라우마가 세대를 거쳐 큰 영향을 미치고 있음을 발견할 수 있기 때문이다.

교육수준과 출신 학교 역시 중요한 정보가 된다. 우리 사회에서 교육수준은 일종의 재산 상속과 유사한 개념이다. 과거 경제개발이 한창일 때 장남은 대학, 차남은 고등학교, 딸들은 초등학교나 중학교까지 교육하던 시절이 있었다. 경제 사정이 넉넉한 경우에는 이런 차별이 없었지만, 경제 사정이 어려운 경우, 남녀는 물론 아들 간에도 차별이 있었다. 학력은 개인의 지적 수준뿐만 아니라 가족의 기대와 차별의 단면을 잘 볼 수 있는 항목이다.

교육열이 대단한 한국 사회의 경우, 기능수준이나 기능 교환을 잘 알아볼 수 있는 항목 역시 학업과 학력이다. 형제자매들과 비교해서 볼 때 '개천에서 용이 난 것'처럼 월등하게 뛰어난 학력이라면 과대기능자일 가능성이, 반대로 저조한 학력이라면 과소기능일 가능성이 크다.

학업 성취는 한 개인의 기능 변화를 알아볼 수 있는 좋은 항목이다. 중학교 때 공부를 잘해 명문고에 들어간 아이가 고등학교 이후 성적이 떨어져 기대에 한참 못 미치는 대학에 들어갔다. 고등학교 성적과 대학 입시에 불안이 작용하여 기능이 떨어졌다고 볼 수 있는데, 이때 부모 세대에서 입시에 관련된 심리적 과제가 있을 수 있다.

가계도를 작성하는 방식은 마치 그림투사검사처럼 그 사람의 내면을 엿볼 수 있다. 예를 들어 자신에 대한 정보를 거의 기록하지 않는 경우가 있다. 어머니, 아버지, 동생, 사촌까지 정보를 기록하면서 정작 자신에 대한 정보는 생략한다. 이런 경우 자기 자신에 대한 태도를 살펴볼 필요가 있다.

배우자 가족에 대한 정보를 지나치게 자세하게 많이 보고하는 예도 있다. 가계도는 사실 본인의 원가족이 더 중요하고 여기에만 집중해도 충분하다. 원가족의 정보를 구하는 것도 사실 대단한 작업이다. 배우자 가족에 대한 탐색을 자세히 하는 경우, 배우자 가족과 감정적으로 복잡하게 얽혀있을 가능성이 있다. 배우자와 관계가 좋지 않든지, 배우자 가족과의 관계가 불편해서 정서적 에너지 소모가 크다는 것을 반영할 수도 있다. 이혼과 별거는 가족의 정서적 단절을 잘 볼 수 있는 사건으로, 세대전수가 잘 이루어지는 대표적인 예다.

막연하게 절망적인 상황을 짐작하는 것보다, 실제 가계도에서 상상하는 상황이 발생했는가를 확인하는 것은 매우 중요하다. 가계도 작업을 해 보면 나 자신은 가족의 전체 그림에서 작은 한 부분이라는 것을 알 수 있다.

작업을 위해 부모나 부계와 모계의 집안 어른과 접촉을 해야 한다. 이것은 단절을 끝내고 연결을 회복하는 첫걸음이다. 보웬은 가계도를 작성하기 위해 첫째, 생존한 가족·친척을 직접 만나길 권했고 둘째, 가능한 윗세대에 관해 많은 정보를 얻는 것을 장려했다. 윗세대 어른들의 귀한 증언은 나 자신보다 더 큰 무엇을 알게 하고, 나의 위치에 대한 이해를 넓힐 수 있게 한다.

부모나 친척 어른들은 자손이 가족에 대해 궁금해하고 기억하려는 모습에 반가워할 것이다. 가계도 작업을 하면서 치명적인 비밀이 있는 경우를 제외하고는, 대부분의 어른들은 가족의 정보를 아낌없이 주려했고 매우 적극적이었다. 보웬의 가족치료 관점으로 하는 질문 또한 어른들의 회고를 확장하는 데 도움이 된다. 더불어 어른들의 회고는 어른 자신의 삶이 정리되고, 삶이 통합되는 소중한 경험이기도 하다.

보웬의 가계도 작업은 유령을 조상으로 바꾸는 작업이다. 막연하게 감만 잡힐 뿐, 그것이 무엇인지 실체를 전혀 알 수 없는 감정과 불안이 집안 전체를 휘감고 있다. 부모를 이해하고 싶어도 도저히 납득하기가 어려운 경우가 많다. 이해력이 부족해서도 아니고 소견이 좁아서도 아니다. 우리는 가족을 얼마나 이해하고 싶어 하며 사랑하고 싶어 하는지 자신을 스스로 믿어야 할 필요가 있다. 대수롭지 않게 어른들에게 들었던 한 마디, 가계도에 옮겨 놓은 작은 정보가 중요한 단서가 되어 가족에 면면히 흐르는 감정이 어떤 의미인지 깨달을 때가 많다. 그래서 이것을 유령이 조상으로 바뀌는 순간이라고 부른다. 그 순간은 부모를 이해하고 나를 용서하는 축복의 순간이다.

경험을 통해 일어나는 변화는 뇌뿐만 아니라 유전자 속으로 침투해 뇌와 유전자의 틀까지 변화한다(Doige, 2007). DNA를 바꿀 수는 없지만, DNA가 기능하는 방식을 바꾸면 DNA를 바꾸는 것과 비슷한 효과를 얻는다는 것이다.

단절을 그만둘 때의 이점을 발견하게 되고 연결되었을 때, 뿌리가 있음을 더 느끼게 되면서 기능이 좋아진다(Gilbert, 2004). 연결에 대한 가능성과 희망을 품기만 해도 기능이 드라마틱하게 좋아지는 경우도 있다.

가계도 탐색을 하면 우리 가족만 그런 특성을 가지는 게 아니라는 것을 알 수 있다. 자신의 가족이 잘못되었다는 수치심이 있는 경우가 생각보다 많다. 어머니와 이모들은 판에 박은 듯이 배우자와 자녀를 대하는 방식이 비슷하다. 나의 어머니만 나에게 그렇게 한 것이 아니었다는 사실에 안도감이 들기도 한다.

전체 가계도를 보면 어떤 주제들을 볼 수 있다. 이른 사망이나 요절, 이혼과 재혼, 성공과 실패, 심리적 고아와 자수성가 등의 주제가 세대에 걸쳐 반복되는 것을 볼 수 있다. 그런 큰 흐름 속에 개인의 삶과 관계의 역동이 함께 있음을 보게 된다.

가계도를 통해 가족의 아픔이나 상처, 역기능의 흐름도 알 수 있지만 동시에 가족의 보석 같은 잠재력과 끝까지 포기하지 않고 이어간 질긴 생명력의 흐름도 볼 수 있다. 그 잠재력과 생명력이 나 자신 안에도 있다는 것을 믿을 때 진화라는 큰 흐름의 한 마디를 자신 또한 담당할 수 있다.

가족 이야기

지금부터 소개할 세 가족 이야기는 각 장마다 예시로 매번 등장할 것이다. 가족 이야기를 읽은 후 이야기에 따라 가계도를 그려보자.

첫 번째 이야기 - K씨 가족

K의 아버지는 아내 둘을 여의었고, 세 번째 아내가 K의 어머니다. 첫째 부인과 둘째 부인은 모두 아이를 낳다가 사망했다. K의 어머니는 신혼 때 남편을 잃고 K의 아버지와 재혼했지만, K를 낳고 5년 후 남편을 또 잃었다. K는 5살에 아버지를, 18세에는 어머니를 여의었다.

K의 위로 누나가 둘 있었지만, 가난한 형편 탓에 K를 도울 수 있는 형편이 못되었다. K는 부모 복은 없었지만, 부지런하고 총명하며 머리가 좋았다. 고등학교 때부터 아르바이트로 생활비를 벌었고, 싹싹하고 곱상한 외모 덕분에 선생님들의 사랑을 많이 받았다. 성적이 좋아 명문대에 들어갔지만, 생활비와 등록금 마련에 심신이 고달팠다. 그럴 때마다 K는 부모가 그립고 아쉬웠다. 부모가 있었다면 이 고생을 하지 않았을 거란 생각에 고아인 처지가 한없이 서러웠다.

그래서 K는 성공에 대한 의지와 욕구가 강했다. 돈을 열심히 벌고 저축하면서 좋은 기회가 오면 놓치는 법이 없었다. K는 삶에 대한 악착같은 의지와 야망이 있었다. 좋은 집안의 아내를 만났고 주위 친구들은 복권 당첨되었다고 부러워했다. 부유한 아내의 집안 덕택에 좋은 직장을 잡았고 열심히 재산도 늘려갔다. K는 세 딸을 두었는데 K를 닮아 예쁘고 머리도 좋았다. 하지만 K의 눈에는 차지 않는 딸들이었다. K는 자신이 받지 못한 부모의 돌봄과 온갖 호사를 딸들에게 베풀었지만, 딸들은 K만큼 열심이지도 않았고 삶에 야심도 없어 보였다.

K는 아들이 없다는 것이 늘 불만이었다. 유복한 집안의 아내 역시 자신이 가지고 싶은 것은 모두 가져야 하는 사람이라 아들이 없는 것은 큰 불행이었다. 아들 없는 것으로 두 부부는 늘 싸웠다. K는 집에 들어오기 싫어 바깥으로 돌았고, 여자 문제로 부부는 많은 전쟁을 치러야 했다. 돈을 모으고 땅을 살 때만 그리고 큰딸이 1등을 할 때만 부부는 한 마음이 되고 싸우지 않았다.

K씨 가족의 가계도

아래 여백에 직접 그리고 난 후 201p 가계도와 비교해 봅시다.

두 번째 이야기 - H씨 가족

H는 가난한 집의 2남 3녀 중 둘째 딸이다. 위로 오빠(4살 위)와 언니(2살 위)가 있었고 아래로는 연년생 여동생과 막내 남동생이 있었다. 아버지는 정신질환과 알콜 중독으로 무능했다. H는 아버지의 정신질환이 자신에게도 있어 자녀에게 유전되면 어쩌나 걱정이 많았다. 아버지 대신 어머니가 가장 역할을 하며 살림을 꾸렸는데, 어머니 혼자 5남매를 키운다는 것은 너무 벅찬 일이었다. 자녀들은 짐스럽게 느껴졌고, 나오는 것은 한숨과 신세타령이었다. 어머니의 관심은 오로지 먹고사는 것과 장남밖에 없었다. 자녀들이 어서 자라 돈벌이하는 것이 어머니 소원이었다. 없는 살림에 장남인 오빠는 집에서 공부를 뒷바라지해 주었고, 억척스러운 장녀 L은 자신이 일하면서 공부를 해서 딸 중에는 유일하게 대학교를 나오고 공무원이 되었다.

H는 걸핏하면 아프거나 아니면 어머니를 돕느라 학교에 못 가기 일쑤였다. 집안일을 하다 크게 다친 H는 그 이후로 학교에 나가지 못했다. 다른 형제들은 어떻게든 고등학교를 마쳤지만, H는 중졸이다. H는 부모가 있었으나 부모가 없는 것과 마찬가지였다. 무엇보다 가장 힘든 것은 부모의 부부싸움이었다. 지긋지긋한 집이었지만, 불쌍한 어머니 때문에 H는 불평 한번 제대로 하지 못했다. 오히려 어머니의 넋두리를 받아줘야 했고, 그때마다 자신이 감정의 쓰레기통 같았다.

그러다 남편을 만나 몇 개월 교제 후 결혼을 했다. 가진 것은 없지만 마음이 따뜻한 남편이었다. 부모에게 받은 정이 없는 H는 남편을 따라 아는 사람 하나 없는 낯선 곳으로 시집을 갔다. 몇 개월 사귀지 않았지만 이렇게 하지 않고서는 집을 탈출할 방법이 없었다. 그나마 유일한 마음의 의

지쳐였던 남편도 멀리 외국으로 돈을 벌러 나갔다. 그런데 남편은 의처증이 있었다. 몇 년에 한 번씩 집에 남편이 올 때마다 집은 전쟁터가 되었다. H는 어릴 때도 부모가 없었고, 결혼해서도 부모의 사랑처럼 자신을 보듬어줄 남편도 없었다. H에게 부모가 되어줄 사람은 이제 자녀뿐이었다.

딸과 아들을 둔 H는 두 자녀를 부모처럼, 친구처럼, 애인처럼 생각했다. 어머니와 심리적으로 단단히 묶여있는 딸은 어머니의 감정에 많은 영향을 받았다. 어머니의 뜻대로 공부를 열심히 했고, 어머니가 돈을 날리면 아버지가 알까 봐 어머니 H와 공모를 하기도 했다. 결혼해서도 딸은 H를 돌보며 산다. 어머니와 가까이 살면서 늘 1순위가 어머니다. 당연히 남편과 사이가 좋지 않다. 아이 때문에 겨우 참고 살뿐, 이혼한 것과 다름없이 살고 있다. H의 딸과는 반대로 아들은 골칫덩어리다. 공부도 안 하고 변변한 직장도 없고, 빈둥빈둥 시간을 죽이며 보낸다. 오로지 열심인 것은 게임이다. H의 속은 터져나간다.

H씨 가족의 가계도
아래 여백에 직접 그리고 난 후 199p 가계도와 비교해 봅시다.

세 번째 이야기 - J씨 가족

J는 3남매 2녀 중 막내딸이다. 위로 큰오빠(10살 위), 둘째 오빠(8살 위), 언니(5살 위), 셋째 오빠(2살 위) 그리고 J다. 아버지는 온순하고 예민한 성격에, 경제적 능력은 그다지 없었다. 작은 구멍가게를 하셨는데, 늘 건강이 좋지 않아 골골했다. 어머니는 사내대장부 같은 리더십을 가졌다. 어머니가 농사를 짓고 장사를 하며 생계를 꾸렸는데, 수완이 좋아 살림이 넉넉했다. 어머니는 교육열이 높아 딸들도 대학 공부를 시켰다. 어머니의 심리적 배우자는 큰아들이다. 아버지는 어머니의 닦달 때문인지 자주 우울했고 몸이 아팠다.

큰아들은 어머니의 기대에 부응하여 공부도 잘하고, 인품도 좋아 동네에서 자랑이 되는 아들이었다. 맏이를 따라 동생들도 공부를 잘했다. 세 아들은 각각 고위공무원, 기업 임원, 의사로 출세 가도를 달렸다. 막내인 J는 귀여움을 독차지하며 부족함을 몰랐다. 학업과 진로 선택 모두 오빠, 언니가 다 알아서 해주었고 J는 아무 고민 없이 부모와 오빠·언니들 말대로 따랐다. 20살이 넘으면서 남편감도 오빠가 점찍은 사람이 있을 정도로 부모와 오빠는 J에게 아낌없이 지원했다. J는 그것이 행복인 줄 알았다. 오빠와 언니가 사는 모습을 보며 그것이 자기 인생인 줄 알았다.

결혼해서 아들 둘과 딸을 둔 J는 자기처럼 자녀를 키웠다. J는 자녀가 원하는 것을 말하기 전에, 필요한 것이 생기기도 전에 그것들을 마련해주었고 자녀들의 인생을 계획했다. 그런데 일은 그렇게 J 마음대로 되지 않았다. 남편과 딸은 어느 정도 J의 요구대로 따라왔지만, 큰아들은 도통 뜻대로 되지 않았다. 공부도 그저 그렇고 직장도 성에 차지 않았다. 아들만 생각하면 걱정이 되고 어떻게 살지 한숨만 나왔다. 아들이 잘한 건 딱

한 가지, 결혼이었다. 좋은 학교와 대기업을 다니는 똑똑하고 야무진 여성을 만나 가정을 꾸렸다. J는 아들을 자신이 더 도와주면 아들 역시 잘 살 거라 굳게 믿었다.

J씨 가족의 가계도

아래 여백에 직접 그리고 난 후 229p의 가계도와 비교해 봅시다.

이 장에서는 모든 역기능의 원인인 불안을 다룰 예정이다.

첫째, 불안의 의미
둘째, 불안을 처리하는 방식 3가지
셋째, 자아분화수준에 따른 불안

4장

만성불안

불안이란 녀석의 정체

1. 불안은 이런 특징을 가졌다

불안은 다음과 같은 특징을 가지고 있다.

첫째, 불안은 어떤 일에 늘 따라 다닌다 additive . 우리가 불안을 일으킨다고 생각하는 그 사건은 단지 방아쇠 trigger 역할을 할뿐, 불안은 어떤 일을 하든 일어나게 되어 있다(Gilbert, 2004). 모든 일의 반응인 불안, 즉 '기승전 불안'이다. 사업이 망하고, 사고가 나고, 일이 틀어지는 등 불안을 일으키는 요인은 늘 있다. 하지만 그것 때문에 불안이 일어나는 것은 아니다. 이미 조상 세대부터 이어져 온 불안이 존재한다. 윗세대로부터 전수된 불안에 이런 불안 유발요인이 덧붙여지면 불안의 수준은 더 올라가게 된다. 불안 유발요인은 부정적인 사건뿐 아니라 결혼이나 승진 같은 긍정적인 사건도 있다. 나쁜 일은 물론 좋은 일에도 불안은 따른다(Gilbert, 2004).

성공한 사람에게는 불안이 없을까? 이 성공을 계속 유지해야 한다는 불안이 있을 것이고, 자녀세대에도 이 성공을 누려야 한다는 불안이 있다. 졸업 후 좋은 직업으로 이어지는 좋은 대학에 수단과 방법을 가리지 않고 기를 쓰고 들어가려는 사람들에게서 우리는 불안을 볼 수 있다.

둘째, 불안을 일으키는 것에는 약물, 술, 건강 등등 여러 가지가 있다. 그 중, 가장 불안을 잘 일으키고 많이 일어나게 하는 요인은 관계다(Kerr & Bowen, 1988).

셋째, 앞 장에서 보았듯, 불안이 심해질수록 연합성은 커지고 가족들은 융합된 관계가 된다. 불안이 일어나면 가족들은 불안에 대처하기 위해 어떤 태세를 갖추는데, 그 방법이 바로 자기를 버리고 관계에 융합하는 것이다. 그런데 연합성이 강해질수록 융합이란 녀석 자체가 불안을 일으킨다. 연합성이 강해진다는 뜻은 자기를 더 잃어야 한다는 뜻이고, 불안의 전염력이 더 강력해진다는 뜻이다. 융합은 절대 불안에 대한 해결책이 될 수 없다.

2. 우리가 불안을 처리하는 방식들

인간의 감정체계에는 각자 나름대로 불안과 감정반응을 최적으로 다루는 '그 뭔가'가 있다. 어떤 사람은 불안과 감정반응을 다루는 능력이 좀 떨어지기도 하고, 어떤 사람은 비교적 잘 조절하며 살기도 한다. 우리가 불안을 처리하는 방식은 대체로 두 가지인데, 첫 번째는 관계를 통해 불안을 해소하는 것이다. 불안이 높아지면 사람들은 친밀한 관계를 찾는다. 친밀한 관계에서 속내를 털어놓고 지지와 응원을 받으며 불안을 처리한다. 두 번째 방법은 어떤 활동을 하면서 불안을 해소하는 것이다. 과식이나 폭식을 하거나, 술을 진탕 마시거나 일에 빠지는 것이 대표적인 예다. 관계나 활동을 통해 불안이 가라앉으면 감정체계는 상당히 안정되지만, 실패할 경우 역기능으로 이어지기 쉽다(Kerr & Bowen, 1988).

불안이 증가하면 '융합된 관계'로 가라는 압력이 거세진다. 이 압력이 힘을 발하게 되면 집단 안에 불안이 발생한다. 집단^{가족}은 어떤 특정한 사람이 불안을 흡수하도록 종용한다. 집단에서 가장 취약하고 만만한 사람을 골라 불안을 떠넘기는 것이다. 이런 현상은 집단을 꾸리고 살아가는 동물에서 흔히 발견된다. 만만하게 보이는 녀석을 골라 함부로 대하고 공격을 하거나 따돌린다. 힘없고 약한 놈은 사냥감으로 희생되면서 집단을 안정되고 평화롭게 만든다. 가족에서도 마찬가지다. 보웬은 불안을 흡수한 사람으로 인해 가족의 불안은 가라앉고 가족은 안정을 되찾는 반면, 불안을 흡수한 사람은 기능이 유난히 떨어진다고 했다.

불안에 대처하기 위해서 생물체가 보이는 행동은 투쟁 아니면 도피다. 인간 역시 감정이 격해지면 자신을 지키기 위해 상대를 멀리하면서 거리를 둔다. 만약 거리두기에 실패한다면 1) 자기 안에서 장애를 일으키거나 2) 상대방을 공격하는 방법, 둘 중 하나가 일어난다. 이런 과정은 자신을 보호하기 위한 모든 생물체의 본능이다.

이런 맥락에서 불안을 처리하는 방식을 유형별로 보면 1) 정서적 단절, 2) 부부싸움, 3) 과대기능과 과소기능, 4) 삼각관계를 맺는 것이 있다 (Kerr & Bowen, 1988). 삼각관계는 너무 중요한 개념이라 따로 다루기로 하고 여기에서는 정서적 단절, 부부싸움, 과대기능과 과소기능에 대해 구체적으로 살펴보려 한다.

2

불안을 처리하는 방식 - 정서적 단절

정서적 단절 emotional cutoff 이란 가족의 융합이 너무 강해 불안을 감당할 수 없을 때 심리적·물리적으로 단절을 하는 것이다. 많은 책에서는 정서적 단절이라고 번역되어 있어서 혼란을 막기 위해 여기서도 감정적 단절 대신 정서적 단절이라고 하겠다.

단절은 융합이 심한 가족에게서 자주 일어난다. 거리를 두면 불안을 상당히 줄일 수 있기 때문이다. 분화가 낮을수록 그리고 만성불안이 올라갈수록 가족 간에는 정서적 단절이 현저히 나타난다(Kerr & Bowen, 1988).

거리두기를 하면서 문제가 해결되었다고 믿고 싶지만, 실상은 그렇지 않다. 실제로 문제가 해결된 것은 하나도 없다. 그저 문제가 없어진 것같이 보일 뿐이다. 오히려 서로 떨어져 있는 동안 혼자 있으면서 서로에 대해, 관계에 대해, 갈등에 대해 더 많이 생각하게 된다(Gilbert, 2004).

1. 정서적 단절의 여러 가지 예

정서적 단절 역시 하나의 연속선 상에 있는데, 정도가 아주 작은 것부터 아주 크고 심각한 것까지 있다. 단절의 예는 사적인 공간이나 자유를 요구하는 아주 사소한 것(Papero, 1990)부터 도망가거나 말을 하지 않는 것, 만나지 않는 것, 어떤 연락도 받지 않고 잠수를 타는 것이 있다. 출장이나 해외파견근무, 결혼같이 그럴싸한 구실을 대며 단절하기도 한다. 결혼이민자가족의 경우 정서적 단절로 결혼을 시작하는 경우가 많다. 결혼이민자가족의 이혼율이 높은 것도 정서적 단절과 관련이 있을 수 있다. 부부의 별거나 이혼 같은 정도가 심각한 단절도 있다.

가장 극단적인 예는 은둔형 외톨이 히키코모리 처럼 부모와 한 지붕 아래 살고 있지만, 고립된 성인 자녀의 경우다. 이런 경우 정신질환으로 발전할 가능성이 높다(Papero, 1990).

부부는 서로에게 감정반응을 한다. 남편이 발끈하는 지점이 어디인지 아내는 안다. 남편 또한 아내가 감정적으로 취약한 지점이 무엇인지 안다. 그래서 부부는 이런 불편한 주제를 가급적 피하려고 애를 쓴다. 거리를 두고 부부는 서로 다른 세상에 다른 생각을 하며 산다. 그러다 불안이 높아지면 위험한 그 주제를 건드리게 되는데, 그동안 꼭꼭 숨겨놨던 얘기들이 봇물 터지듯 터진다. 거리를 두고 사느라 부부는 어떤 생각과 감정을 가지고 있는지 도통 알 수가 없다. 설령 대화한다 해도 배우자가 하는 말이 무슨 뜻인지 모른다. 서로 알아들을 수 없는 말들의 대잔치가 벌어진다. 파페로 Papero (1990)는 말을 할수록 이해가 깊어지는 것이 아니라, 오히려 관계를 더 멀어지게 만든다고 했다.

매우 피상적이고 형식적인 전화 통화나 간단한 대화, 잠깐 방문하는 것, 명절에만 이루어지는 의례적인 방문도 단절에 해당한다. 상대방이 중요하게 생각하는 것을 부정하거나 거부하는 것도 단절의 표현이다. 왕위 계승자가 가족의 반대에도 불구하고 결혼을 단행하면서 왕관을 버리고 가족에서 제외되는 것, 가문 대대로 내려오는 전통을 깨고 반대하는 일을 하며 이단아가 되는 것이 그 예다.

물리적 거리와 정서적 단절의 정도는 상관관계가 없다. 또 만나는 빈도와 감정적 단절의 정도도 상관관계가 없다(Kerr & Bowen, 1988).

K씨 가족

K는 결혼에 대한 불안이 크다. 그 불안은 부모의 결혼에서 비롯되었는데, K의 부모 두 분은 모두 재혼이었다. 아버지는 첫 번째 부인이 죽자 두 번째 부인과 재혼을 했다. 두 번째 부인이 아이를 낳다가 사망을 하자 세 번째 부인, K의 어머니와 결혼했다. K의 아버지는 연달아 아내가 죽자 세 번째 아내도 죽을까 봐 불안했다. K의 어머니가 결혼한 첫 번째 남편은 신혼 때 갑자기 사망했다. 그 후 나이 많은 K의 아버지와 재혼을 하였다. 아들 K를 낳고 어머니는 행복했고 다행스러워했다. 그러나 K가 5살이 되

었을 때 두 번째 남편마저 죽었다. K의 어머니는 남편을 잃는 경험을 두 번이나 했다. K의 위로 누나가 두 명 있었다. 가난한 홀어머니 가정에 좋은 혼처는 들어올 리 만무했다. 배우자 얼굴도 안 보고 중매인의 말만 믿고 시집가던 시절, 두 누이는 중매인의 거짓말로 사기 결혼을 당했다. 큰 누이는 결혼 첫날밤 남편의 얼굴이 기형인 것을 보고 아연실색했다. 둘째 누이는 남편이 두 번째 결혼인 것을 알게 되었다. 두 누이는 친정어머니에게 달려와 울며불며 못 살겠다고 했다. K는 아버지, 어머니 그리고 누이들을 통해 결혼은 불안한 것이고 믿을 게 못 되는 것임을 알게 되었다. K는 좋은 집안 여성과 결혼을 하고 첫딸을 낳았다. 그 딸은 어머니가 돌아가신 후 만나는 첫 혈육이어서 K에게는 너무나 각별했다. 융합으로 인해 부녀 사이는 갈등과 다툼이 잦았고 불안했다. 딸이 결혼할 무렵 드디어 불안은 폭발했다. K는 목숨을 걸고 딸의 결혼을 반대했다. K는 딸에게 "그가 누군지 알고 결혼을 하냐"며 결사반대를 했다. K의 결혼에 대한 불안이 딸에게 투사되고, 딸은 어떤 남자를 데려와도 아버지가 반대할 것을 이미 알고 있었다. 융합된 부녀 관계는 결국 정서적 단절로 이어졌다.

H씨 가족

H는 무능력한 아버지와 가장 역할을 하는 어머니, 그리고 2남 3녀 중 둘째 딸이다. H는 어머니를 대신해 집안일을 하다 크게 다치는 바람에 다니던 중학교를 그만두었다. 어머니는 H의 상처도, 학교도 개의치 않았다. 아기 때는 밭일 간 어머니 대신 언니가 업어서 키웠다고 한다. 배가 고파 울면 언니가 밭에 있는 어머니를 찾아가 젖을 먹이고 오곤 했다. 그것

이 어머니 품에 안긴 경험의 전부였다. 어쩌다 언니가 친구와 노는 것에 한 눈이라도 파는 날이면 방치된 H는 혼자 맨땅에 기어 다녀 손과 얼굴은 엉망이 되곤 했다. H는 부모의 사랑이 늘 고팠고 외로웠다. 어머니가 H를 칭찬하는 것은 "H는 제 할 일은 저 혼자 너무 잘한다. 내가 손 갈 일이 없는 아이다"라는 것이다. 고생하는 어머니에게 H는 무엇을 사 달라고 조르거나 요구하지 못했다. 혼자서 무엇이든 해결해야 했다. 어머니보다는 바로 위 언니가 이따금 H를 챙겨줬지만, 언니도 형편이 H와 별반 다르지 않아서 그렇게 의지할 형편이 되지 못했다. H는 심리적 고아였다. 집은 술 먹는 아버지로 늘 시끄러웠다. 어머니의 푸념과 불평에 아버지는 소리를 지르고 물건을 부숴댔다. 어머니의 비명, 물건 깨지는 소리, 아버지의 고함이 없는 부디 조용한 집에서 마음 편하게 사는 것이 H의 소원이었다. 그러다 남편을 만나 몇 개월 교제 후 결혼을 했다. 집을 벗어나고 싶은 마음에 결혼을 서둘렀다. 결혼이 집을 탈출하는 가장 합법적인 방법이었다. 친구도 친척도 아무도 없는 낯선 곳으로 멀리멀리 떠나고 싶었다.

부모의 강력한 융합에서 벗어나려는 시도, 부모에 대한 미해결 애착을 해결하려는 시도로 정서적 단절을 선택한다. 자녀의 정서적 단절은 부모가 미분화되었다는 것을 반영한 것이다.

2. 정서적 단절 후 일어나는 일들

가출한 자녀가 복잡하고 불안한 가족을 떠나 있으면 처음에는 자유롭고 편안함을 느낀다. 가족의 구속과 얽매임에서 해방되었다고 느끼지만, 그것은 진정한 자유가 아니다. 독립을 과장되게 표현한 '가짜 독립'일 뿐

여전히 부모와 융합되어 있다. 시간이 지남에 따라 불안이 높아지는 것은 부부관계뿐 아니라 다른 관계에서도 마찬가지다.

여자 청소년의 그룹홈 Wee센터나 아동보호시설 연구 결과를 보면, 원가족과 연락을 하지 않는 청소년은 가족과 계속 연락을 해온 청소년보다 단절로 인해 어려움이 더 심각했다. 전화나 편지, 방문을 통해 가족과 더 자주 만난 청소년은 학교 성적이 올라가고, 약 복용량이 줄었으며, 자살시도 같은 위기상황이 현저히 감소하였다(Gilbert, 2004). 원가족에서 배운 관계 맺는 패턴, 즉 융합과 단절은 다른 관계에서도 그대로 반복된다(Papero, 1990).

이들은 단절에 대한 두려움 때문에 결혼 대신 동거를 선택한다. 동거는 결혼을 위한 연습이고, 결혼과 비교해 헤어짐에 대한 부담감이 적다는 이점이 있다. 하지만 결혼 연습을 한다고 해서 이혼이 예방되지는 않는다. 오히려 동거를 반복한 사람들이 그렇지 않은 사람보다 이혼율이 훨씬 높다.

융합된 가족은 자녀를 온전한 '한 사람'으로 자라는 것을 방해한다. 그래서 나중에 부부는 서로 온전한 한 사람이 아닌 반쪽으로 만나게 된다. 두 사람은 각자가 한 사람이 되기 위해서 상대방이 필요하다고 생각한다. 기꺼이 자신을 상대에게 내어주면, 상대도 나에게 자신을 내어줘 온전한 한 사람으로 완성될 것이라고 착각한다. 관계에 자기 자신을 버리게 되면, 온전한 자기가 없으므로 진정한 관계를 맺기 어려워진다. 융합된 관계는 친밀한 것이 아니다. 친밀함이 무엇인지 배운 적이 없어서 친밀한 척을 하는 것이다. 진짜 친밀하려면 불편한 이야기, 거슬리는 이야기, 상처에 관한 이야기를 나누어도 관계가 깨지지 않을 거라는 믿음이 있어야 한다. 또한 불안을 이길 수 있는 용기가 필요하다.

원가족과 단절한 사람은 홀로 있는 것이 두려워 가족을 대신할 어떤 사람이 절실하다. 정서적 단절을 한 사람은 정서적 단절을 한 사람을 만나기 마련이다. 왜냐하면, 원가족의 융합 정도, 자아분화 수준, 불안의 수준이 닮았기 때문이다. 융합에서 벗어나는 방법을 모르는 것도 비슷하고, 융합을 벗어나기 위해 취한 방법이 단절이라는 것도 비슷하다. 그래서 이들은 한눈에 서로를 알아볼 수 있고 아픔을 공유할 수 있다. 하지만 이런 만남은 상당히 충동적이고 불안하다는 취약점이 있다.

원가족과 단절이 심할수록 배우자에 대한 의존이 강하고, 애착에 대한 요구도 커서 두 사람 관계는 원가족처럼 또다시 융합된 관계가 되었다. 불안할수록 유아적 퇴행도 덩달아 나오기 때문에 관계가 점점 더 어려워진다. 거짓자아로 만난 두 사람은 '~해야 한다'라는 원칙이 상당히 많다. 이런 원칙들은 싸움의 빌미가 되는데, 이것은 관계가 역기능적이라는 뜻이다. 불안할수록 '자기의 잃고 얻음'이라는 거래가 많다. 자기를 얻은 사람은 자기를 잃은 사람을 구원하다 지치게 되고 결국 상대가 나를 완성시켜 주지 못한다는 사실에 절망한다.

부부는 자신들의 불안과 문제를 부모 탓으로 돌린다. 부부는 갈등의 해결 방안으로 단절을 택한다. 결국 원가족에서 일어났던 단절은 부부관계에서도 똑같이 재연된다. 배우자를 거부하거나 달아나거나 홀로 떨어져 산다. 그래서 이혼은 세대 전수되는 대표적인 역기능이다. 부부의 정서적 단절은 결국 원가족과의 단절과 유사한 패턴을 가지게 된다 (Papero, 1990 ; Gilbert, 2004).

정서적 단절을 하는 경우 외형상으로는 숨 막히는 융합의 압박을 견디지 못해 자발적으로 가족을 떠났지만, 내면으로는 추방당한 느낌이 들 수 있다. 그런 기분이 들면 과거 맺었던 삼각관계가 그립고 다시 융합된 시절로 되돌아가고 싶다. '나' 대신 다른 형제가 맺은 삼각관계가 부럽고 다시 그 자리를 되찾고 싶다. 하지만 그것은 오산이다. 대신 삼각관계에 걸려든 형제는 과거 내가 겪은 고통을 그대로 경험하면서, 삼각관계를 빠져나온 나를 부러워할 수도 있다. 형제는 내 어려움을 충분히 공감하지만, 어려움을 형제에게 떠넘기고 도망친 나를 원망할 수도 있다. 만약 과거로 돌아가고 싶은 마음이 간절하고, 부모와 다른 형제의 관계가 궁금하다면 그것은 삼각관계에서 완전히 벗어난 것이 아니다. 오히려 더 강력한 삼각관계에 걸려든 것이다.

정서적 단절은 세대 전수되는 경우가 많다. 우리나라의 역사 가운데 가깝게는 100여 년 전 일제강점기 동안 많은 사람이 유학이나 사업차 일본으로 떠났다. 또 독립운동을 위해, 일제 탄압을 피해 중국으로 떠났다. 한국전쟁 즈음에는 자진 월북한 경우도 있었고, 잘살아 보려고 외국 전쟁에 자원입대하거나 해외로 취업을 한 경우도 많았다. 한때는 미국 이민이 유행인 적도 있었다. 모두 다 정서적 단절이라고 말할 수는 없지만, 한

세기 동안 벌어진 격동적인 사건으로 인해 단절을 겪은 가족이 많은 것은 사실이다. 실제로 가계도 작업을 해보면, 100여 년 전 사건에 영향을 받지 않고 온전히 남아있는 가족은 거의 없을 정도다. 불행하고 참혹한 역사적 경험이 정서적 단절을 촉진하고 불안을 가중시켰다. 정서적 단절은 오늘날 우리에게도 세대를 거쳐 어떤 식으로든 영향을 주고 있다.

한국전쟁 후 북한에 가족을 두고 혼자 월남해 남한에서 새로운 가족을 꾸리는 남자가 있다. 이 남자는 북에 두고 온 가족 때문에 새로운 가족에 몰입할 수가 없었다. 북한의 가족이 그립고 미안해서, 남한의 가족에게 다정하거나 따뜻하게 대할 수 없었다. 남자는 몸 따로, 마음 따로였다. 새로운 가족은 감정적으로는 아직 진정한 가족이 아니었다.

외양 선원 가족의 경우, 남편이 멀리 떨어져 있을수록 감정적 융합은 극심하다. 가족은 의심이라는 감정으로 하나가 된다. 배를 탄 남편이 걱정하는 것은 크게 두 가지, 돈과 배우자의 외도다. 벌어다 준 많은 돈을 날리지는 않는지, 아내가 바람을 피우지는 않는지 노심초사한다. 그래서 배에 내려 휴식을 취하는 동안 부부싸움으로 집안이 전쟁통이 된다. 남편의 상상은 현실이 되어 부부는 결국 불행해지고, 바다에서 혼자였던 것처럼 남편이 가족을 떠나 홀로 고립되는 극단적인 경우도 있다.

정서적 단절은 탈북민 가족에게서도 볼 수 있다. 탈북 과정에서 겪은 온갖 위험천만한 일들로 인해 외상 후 장애가 있다. 또 중국 등 제3국을 거쳐 들어오기 때문에 가족의 국적이 제각각일 때도 있다. 탈북민이 가장 어려워하는 부분 중 하나는, 북에 두고 온 가족들에 대한 부모의 걱정과 죄책감이 자녀에게 고스란히 전달되어 자녀의 적응을 어렵게 만드는 점이다.

관계가 실패해서 홀로 되면, 모든 것을 포기하고 노숙자나 은둔형 외톨이가 되기도 한다. 원가족에 감정적으로 매여 있는 한 성장은 정지된다. 부모와 단절한 사람이나, 집을 한 번도 떠나 본 적 없는 사람이나 똑같이 의존적이다. 또 이 둘은 모두 어떻게 분리를 해야 하는지, 독립하는 방법을 모른다. 감정적 융합을 절실하게 원하면서도 동시에 융합을 극도로 거부한다(송성자, 2004). 정서적 단절이 세대에 걸쳐 반복되어 아래 세대로 내려갈수록 분화의 수준이 낮아진다. 보웬은 이런 경우 가족치료를 해도 효과를 보기 어렵다고 하였다.

서구 사회의 경우 부모에게서 벗어나는 것을 성장이라고 착각하는 경우가 많다. 미국의 경우 '단절의 나라'라고 불릴 정도로 단절이 많다. 미국에 사는 수많은 이민자가 바로 그 경우다(Gilbert, 2004). 미국의 총기 사용과 그로 인한 극단적인 사건과 테러, 미국이라는 강대국이 세계 곳곳에서 끊임없이 전쟁을 벌이는 것을 불안과 정서적 단절을 관련지어 생각해볼 법하다.

정서적 단절과 정서적 성숙을 혼동하지 않고 구분하는 방법은 무엇인가? 정서적 단절인지 성숙인지 알아보는 방법 중 하나는 독립 후 부모를 방문하는 동안 감정의 흐름을 보는 것이다(Nichols, 1986). 원가족을 만난 뒤 마음이 흐뭇해지고 따뜻해지는지, 그래서 마음의 에너지가 재충전

되는지를 살펴본다. 만약 그렇다면 분화가 잘된 것이다. 자신의 든든한 뿌리로 인해 안정감과 지지를 느낄 수 있고 에너지가 차오르는 것 같다. 반대로 원가족을 만난 뒤 에너지가 빠져나가는 것 같고, 오가는 수고에 비해 훨씬 심한 피로감과 무력감이 든다. 자신이 그들의 자녀인지, 부모에게 나에 대한 사랑이 있는지 의문과 회의가 느껴진다면 단절에 대한 이슈를 다룰 필요가 있다. 커와 보웬(1988)은 무력감에 빠진 느낌이 단절을 뜻한다고 했다. 이런 느낌이 드는 것은 독립이 아니라 원가족으로부터 깨져서 떨어져 나간 것이다.

원가족과의 접촉을 다시 하려는 시도는 중요하다. 그러나 단순히 부모에게 돌아가는 것은 아무 소용이 없다. 자아분화와 불안을 다룬 후 연결하는 것이 중요한데, 그렇지 않은 만남은 불안과 단절을 되풀이할 뿐이다. 진정한 독립은 자신이 가족체계의 일부로 감정과정에 어떻게 참여하고 어떤 영향을 받는지, 가족의 감정과정을 객관적으로 바라볼 수 있을 때 비로소 가능하다(Kerr & Bowen, 1988).

3

불안을 처리하는 방식 - 부부싸움

불안을 피하는 두 번째 방법은 싸우는 것이다. 분화수준이 낮을수록 불협화음이 커진다. 적대적인 공격은 주기적으로 폭발하는 경향이 있다. 상대를 잡아먹을 듯이 공격하는 사람은 그 순간 살아있는 느낌과 충만함이 든다. 부부갈등은 싸움-정서적 거리-과잉애착-싸움이라는 주기가 반복적으로 일어난다. 보웬은 부부싸움을 롤러코스터에 비유하며 중독성이 있다고 했다.

죽을 듯이 싸우다가 이유 없이 친밀해진다. 싸울 때는 관계가 산산이 조각난 것처럼 보이지만 사실은 매우 융합된 관계다. 부부는 서로에게 불만이 많고 부정적이다. 왜냐하면, 부부가 서로의 불안을 흡수하기 때문이다(Kerr & Bowen, 1988).

부부싸움에도 좋은 점이 있다

첫째, 싸움할 때 부부는 상대 배우자와 깊은 감정적 접촉을 경험할 수 있다(Kerr & Bowen, 1988). 싸움은 두 사람이 부부라는 것을 상기시켜 주고 생생하게 느낄 수 있게 한다. 부부싸움은 상대방에 대한 비난으로 시작하지만, 결국에는 자신이 어떤 존재인지, 부부관계가 어떤 의미인지, 자신이 왜 사는지와 같은 근본적인 삶의 이슈를 다루게 된다. 배우자가 나를 사랑하지 않는다는 것은 나의 존재가치가 형편없어진다는 뜻이고, 삶이 가치를 잃으면서 인생을 망친 것이 된다. 이 말은 배우자가 자신의 존재 의미와 인생의 성공 여부를 가늠할 정도로 중요하다는 뜻이다. 만약 이렇게 생각하고 있다면 그것은 배우자와 융합되었다는 증거다.

둘째, 불편한 감정을 오랫동안 함구하고 있는 부부의 경우, 격렬한 싸움을 통해서만 배우자의 본심을 들을 수 있다. 그래서 부부는 싸움을 마다하지 않는다.

셋째, 부부싸움으로 인해 질병이나 다른 증상으로 발전되지 않는다는 이점이 있다(Kerr & Bowen, 1988). 다툼을 통해 불안이 밖으로 표현될 수 있다. 불안을 밖으로 표현하지 않고 가둬둔다면, 병이 나거나 문제가 발생하면서 불안은 자신의 존재를 드러내려 할 것이다.

넷째, 격렬한 싸움 뒤에 부부는 정서적 거리가 생기는데, 부부는 이런 거리감이 오히려 편하고 안전함을 느낀다(Kerr & Bowen, 1988). 또 이 정서적 거리로 인해 파국으로 가지 않고 관계를 지속해서 이어갈 수 있다.

다섯째, 자신의 불안을 배우자에게 투사하면서 심리적 안정감을 얻는다(Kerr & Bowen, 1988). 분화가 낮은 경우 부부 사이에는 엄청난 투사가 일어나 상대의 일거수일투족에 온통 영향을 받는다. 분화가 낮은 사람은 배우자의 눈빛으로, 말투로, 행동으로 아직도 날 사랑하는지, 관심이 있는지, 나의 마음을 알아주는지를 알 수 있다고 한다. 하지만 그것은 투사가 하는 일이다. 이런 추측과 짐작은 투사 덕분에 배우자와 부부관계를 해석하는 완벽한 소설이 된다. 분화가 낮을수록 부부싸움에서 자신의 몫을 보기가 어렵다. 대신 상대방 탓을 하며 문제에 대한 책임을 배우자에게 전가하는데, 이때 투사는 중요한 역할을 한다.

이런 이점에도 불구하고 부부갈등에서 가장 불행한 점은 부부의 에너지 소모가 너무 막심하다는 점이다(Bowen, 1985). 에너지를 부정적 감정을 처리하는 데 사용하다 보니, 긍정적이고 건설적으로 사용할 에너지 여력이 없다.

격렬하게 다투는 것과 관계를 끊고 단절을 하는 것 중 어느 쪽이 더 나은가? 이 둘은 겉으로는 상당히 다르게 보지만 분화수준이 낮다는 점에서는 똑같다. 그런 면에서 어느 것이 더 나아 보인다고 말할 수 없다.

부부싸움을 일으키는 역동

첫째, 갈등이 심한 부부의 경우 배우자가 문제의 원인 제공자라서 배우자가 변해야 한다는 생각이 유달리 강하다. 이들은 '결혼 생활은 ~해야 한다'는 신념들이 많고 또 집착한다. 누가 ~해야 한다는 신념에 집착하면 가족체계의 유연성이 떨어질 수밖에 없다.

아내는 남편의 단점을 자세히 그리고 정확히 알고 있다. 아내는 싸우지 말아야 한다는 신념이 강해서 많이 참는다. 참을수록 속이 곪으면서 '내가 너보다 잘났고 너보다 더 많은 것을 하고 있다. 너는 제대로 하는 것이 없는 무책임한 인간이다'라는 생각이 점점 강해진다. 그리고는 남편이 부부 관계를 위해 어떤 노력을 더 해야 한다는 의존과 변화에 대한 주문도 강해진다.

둘째, 부부는 분화수준이 낮아 감정반응만 하고 있다. 아내는 남편이 가정에 소홀할 때, 자신의 수고를 알아주지 않을 때, 배려하지 않을 때, 건성으로 대한다고 여길 때마다 감정반응을 한다. 반면 남편은 아내가 비난할 때, 잘못된 것을 고치라고 밀어붙일 때, 한심하다는 눈길을 보낼 때, 자기의 수고를 무시할 때 감정반응을 한다. 아내는 착한 딸이 되려고 많은 노력을 했는데도 불구하고 사랑과 인정을 제대로 받지 못한 상처가 있다. 잘 하려고 애쓰는 것을 부모는 당연하게 생각했다. 남편은 형과 늘 비교당하고 차별당한 아픔이 있다. 두 부부는 서로의 아킬레스건이 어디인지 잘 알고 있다. 사실 부부는 둘 다 사랑과 인정을 받고 싶었다.

커와 보웬(1988)은 이들 부부는 매우 역설적인데, 배우자를 질색하게 만드는 불편한 그 말과 그 행동을 기어이 하고야 만다는 점을 지적했다. 사랑한다는 말을 듣고 싶은 사람은 그 말을 듣지 못해 골이 났다. 골난 표정을 하고 있으니 배우자에게 사랑한다는 말을 듣기 어렵다. 간섭받는 것을 질색하는 사람은 상대방이 개입할 때마다 까칠해지면서 격해진다. 그러면서 아무것도 안 한다. 아무것도 하지 않으니 배우자는 간섭과 관여를 더 할 수밖에 없다. 상대방이 통제하려고 하면 '도대체 왜 이런 일이 자꾸 일어나는지' 생각하지 않고 그저 통제에 대항하는 반발심으로만 반응한다.

통제하려고 하면 통제에 대한 반응이 일어나고, 지배하려고 하면 지배에 대한 반응만 일어난다. 두 사람 모두 사고체계가 먹통이 되어 자동적 감정반응만 하고 있다. 핑퐁게임처럼 감정반응만 주고받는 한 관계는 한 치도 나아갈 수 없다. 부부싸움의 진짜 원인은 큰 의견 차이가 아니라 미숙함이 원인이다(Kerr & Bowen, 1988).

셋째, 부부의 과한 의존심이 갈등을 일으킨다. 우리 모두는 어린 시절 부모에게 충족되지 못한 욕구를 배우자에게 의존하며 충족되길 바란다. 부부는 서로의 욕구를 충족시켜주면서 의존심을 주거니 받거니 해야 한다. 그러나 의존을 받아주는 것보다 더한 것을 과하게 요구하게 되면 균형은 깨지고 갈등이 생긴다.

넷째, 커와 보웬(1988)은 부부 갈등을 일으키는 큰 요인 중 하나가 삼각관계라고 하였다.

남편은 부모와의 삼각관계 때문에 무척 힘들다. 부부가 싸우는 원인 중 대부분은 남편의 부모 때문이다. 남편 부모가 아들 부부의 문제에 개입하면 문제는 복잡해지고 일은 커진다. 남편은 부모에게 전화만 와도 예민해지고 불안해진다. 아내가 자기 부모를 원망하거나 불평이라도 하면 듣기가 거북해져 까칠하게 군다. 남편은 자랄 때부터 부모 때문에 마음고생을 많이 했다. 자신도 잘 알고 있는 부모의 흠을 굳이 아내가 콕 집어 이야기할 필요까지는 없다. 그것은 상처투성이인 남편 마음에 소금을 뿌리는 것과 같다. 남편은 아내를 볼 낯이 없어지고, 자기 부모가 창피하다. 자신을 편하게 두지 않는 이기적인 부모에게 화가 난다. 그러면서 부모에게 사랑받지 못하고 배려받지 못하는 자신이 불쌍하다.

불안이 높아져 도저히 견딜 수 없는 지경에 다다르면 결국 남편은 부모와 단절을 한다. 단절로 인해 부부관계는 평화롭고 잠잠해졌지만, 불안이 없어진 것은 아니다. 단절한 남편이 불안한 것은 여전하고 남편의 불안은 아내에게 암묵적으로 전염된다. 그러다 아내의 친정문제로 집안이 다시 시끄러워지면 남편은 아내에게 "너희 집도 마찬가지다. 너 역시 친정과 얶이면서 문제를 만들어낸다"라며 불만을 드러낸다. 부부갈등의 골은 더 깊어진다. '왜 나만 부모와 단절을 하는가, 아내도 친정과 단절을 하는 것이 공평하다'라는 생각에 사로잡히면 부부관계는 꼼짝달싹할 수 없다.

부부는 배우자가 자신을 비난하는 것은 감당할 수 있지만, 자신의 원가족을 욕하는 것은 참을 수 없다. 이때 과거가 아름답게 편집되는 현상이 일어난다. '부모를 떠나고 싶어 결혼했지만, 돌이켜보니 부모는 배우자에 비하면 좋은 분이다, 배우자가 훨씬 고약하다'는 생각이 든다. 격렬한 다툼이 계속 이어지게 되면서 부부는 더 이상 원팀One Team이 아니다.

이들은 몸만 결혼을 했을 뿐, 심리적으로 결혼을 하지 않았다. 마음은 이미 자기 집으로 되돌아갔다.

부부 갈등을 해결하려면 다음과 같이 자신의 감정반응을 점검하는 능력이 있어야 한다. 1) 자신의 불안과 감정반응이 어느 지점에서 일어나는지, 어떤 식으로 표현되는지 자각할 줄 알아야 한다. 2) 자신의 감정반응이 배우자에게 어떤 영향을 미치는가를 인식하는 능력이 필요하다. 3) 자신의 약점을 어떻게 방어하는지, 배우자를 어떻게 비난하고 거절하는지 자각할 수 있어야 한다(Kerr & Bowen, 1988). 그리고 난 뒤 4) 배우자가 취약한 지점, 쉽게 상처받은 지점이 무엇인지를 알고 배려한다면 더할 나위 없을 것이다. 이 과정은 그리 만만하지가 않다. 상당한 시간과 노력이 필요하다.

4

불안을 처리하는 방식 - 과대기능과 과소기능

　불안을 처리하는 세 번째 방법은 과대기능과 과소기능으로 상호작용하는 것이다. 불안을 가라앉히기 위해서 어느 한 사람이 더 많이 적응하는 경우다. 적응을 위해 불안을 자기가 흡수하는 사람은 '자기'를 잃지만, 덜 적응하는 사람은 '자기'를 얻는다. 이 과정은 자동적이다. '자기'의 거래로 인해 불안이 사라져 관계가 편안해 보이지만, 실제로 불안이 없어진 것은 아니다(Bowen, 1985). 여러 문헌에서 언급한 과대기능자와 과소기능자의 특징을 추려서 정리하면 다음과 같다.

과대기능자의 특징

- 상대의 정서적 안녕에 책임을 진다.

- 상대방을 '문제'로 보고 과하게 도우려 한다.

- 상대와 잘 지내려 한다.

- 자신보다 상대를 먼저 생각하고 위한다.

- 상대의 문제와 문제 해결책을 안다.

- 상대를 변화시킬 수 있다고 착각한다.

- 상대가 어떤 생각, 어떤 느낌, 어떤 행동을 해야 할지 알려준다.

- 과소기능자로 인해 힘과 자신감을 가질 수 있다.

- 과중한 역할로 몸이 감당할 수 없어 몸이 아프다.

과소기능자의 특징

- 스스로 부족한 사람이라고 여긴다.

- 무책임하다.

- 상대에게 의존하며 수동적이 된다.

- 필요 이상으로 충고를 구한다.

- 필요하든 필요 없든 상대의 도움을 받는다.

- 스스로 할 수 있는 것도 타인에게 시킨다.

- 모든 것을 양보한다.

- 실패와 좌절을 겪으며 타인에게 짐이 된다고 여긴다.

- 무기력감 때문에 아프다.

- 증상이 있다.

자녀를 지나치게 걱정하는 어머니와 어머니를 걱정하는 자녀는 한 쌍으로 존재한다. 어릴 때부터 어머니에게 걱정을 끼치는 자녀는 어른이 되어서도 마찬가지다. 자녀는 어머니가 늘 필요하다. 자신이 어려울 때 어머니는 답을 가지고 있을 것 같다. 도움을 청하는 순간 자녀는 과소기능자가 된다. 원하는 바는 아니었지만, 어머니를 초대하는 상황이 자꾸만 생겨 딸도 난감할 뿐이다. 이런 상황은 불안이 만들어낸 것이다. 딸은 어머니에게 자신의 기능을 주고 자신은 과소기능자가 되었다. 어머니는 딸의 '자기' 일부를 받으면서 과대기능자가 되었다. 그러면서 모녀 관계는 편안해진다. 어머니는 '역시 너는 내가 필요하지, 너는 스스로 문제를 해결하지 못해'라며 무의식적으로 안도감을 느낀다. 만일 자녀가 이혼하고 다시 어머니 곁으로 돌아오게 되면, 어머니는 "불행하다, 걱정이 많다"고 넋두리하지만, 무의식적으로는 상당히 안정적으로 된다. 그것은 '올게 온 것'에 대한 안정감이다.

장애를 가진 자녀가 있는 경우, 장애 그 자체보다 과소기능 역할이 더 심각한 장애를 만들 수 있다. 과소기능으로 인해 장애인을 더 장애인으로 몰아갈 수 있다는 것이다. 우리 사회를 지배하는 강력한 롤 모델은 단연 맹자의 어머니다. 부모가 최선을 다해 자녀를 양육하면 자녀가 잘 될 것이라는 믿음은 장애인 자녀 가족에게도 적용된다. 장애에 대한 불안과 극복해야 한다는 절박함이 합쳐져, 부모는 과대기능이 되고 장애인 자녀는 과소기능이 된다. 이때 비장애인 자녀는 장애가 없다는 이유로 부모의 돌봄과 관심에서 제외가 된다. 부부체계도 매우 취약해지는데, 어머니와 장애인 자녀의 연합이 그 어떤 하위체계보다 우선되기 때문이다.

종갓집에 딸만 다섯이 태어났다. 한 달에 한 번 꼴로 지내는 제사에 종친들이 올 때마다 대책회의가 열렸다. 동갑인 사촌 남동생이 있었는데 종친들은 큰집의 딸과 작은집의 아들을 바꿔야 한다, 큰집에서 사촌 남동생을 입양해야 한다고 떠들어댔다. 그때마다 아들을 낳지 못한 어머니와 딸은 죄인이 되었다. 딸은 남자에 대한 적개심이 커져만 갔고, 인생 목표는 사촌 남동생보다 성공하는 것이었다. 그래서 기죽은 어머니를 위로하고 종친들의 코를 납작하게 만들기를 원했다. 딸은 최선을 다해 공부했고, 착하고 기특한 자녀로 살면서 과대기능자가 되었다. 고3이 되자 딸의 상태는 급격히 나빠졌는데 책장을 넘길 힘조차 없을 정도로 무기력해졌다. 딸에게는 입시도 대학도 의미가 없었고, 아무것도 하기 싫었다. 딸은 태어나서부터 지금껏 아들을 능가하려고 너무 달렸기 때문에 이런 일이 일어났다고 생각했다. 과대기능자는 정작 힘을 내야 할 때 힘을 낼 수가 없다. 고3 때 박차를 가하며 학업에 몰두해야 하는데 그동안 너무 많은 에너지를 소진하는 바람에 번 아웃이 온 것이다.

분화수준이 낮고 불안이 높을수록 '자기'의 거래는 빈번하고 과대기능과 과소기능은 극단적이 된다. 답을 다 알고 있다는 과대기능자는 으스댐과 거만함이 극에 달하고 그럴수록 과소기능자의 무기력은 심각해진다.

불안을 줄이는 데는 ^{적응을 위해서는} 대가가 따른다. 과대기능자는 신체적·감정적·사회적 증상을 감당해야 하고, 과소기능자는 스스로 기능하지 못하고 무책임한 인간으로 살아야 하는 대가를 치러야 한다(Kerr & Bowen, 1988).

다음은 두 사람 관계에서 과대기능자와 과소기능자가 어떻게 불안해 지는지, 커와 보웬(1988)이 제시한 예를 재구성하여 자세히 살펴보려고 한다. 두 사람의 상호작용 안에서 불안이 일어나는 지점을 찾아보자.

과대기능자 A가 옳은 답이라고 우기며 과소기능자 B를 재촉한다. B는 A의 목소리를 듣자마자 **가슴이 좁아붙었다.** B는 A가 밀어붙이는 것이 **부담스러워 이리저리 피해 다닌다.** A의 강요가 심해질수록 B는 A에게 **비난받는 것 같아 방어적이** 된다. A의 **눈치를** 보는 자신이 **한심하다.** 눈치를 본다는 것은 B 자신도 **자신이 문제라고 여기기** 때문이다. 그러다가도 **A가 힘들까 봐 걱정된다.** B는 A를 **피하고 싶다.** 그러자니 A 없이 아무것도 **혼자서 할 수 없을 것 같아 불안하다.** A는 B가 **못 미덥다.** 자기 뜻대로 따르는 것 같지가 않다. **B가 더 잘못될까 봐 걱정이다.** B에게 **무슨 꿍꿍이가 있는 것 같다.** A는 B에게 도와준다는 명분을 대며 **'말하라'라고 압박한다.** B는 문제를 **숨기기 급급하다.** 알아내려는 압력과 그 압력을 피하려는 **술래잡기는 긴장을 부른다.** A는 자신의 불안을 견디지 못해 B를 압박하지만, 자신의 스트레스를 감소시키려는 노력이 오히려 B의 스트레스를 증가시킨다. 이 과정은 자동적이고 무의식적인 감정반응이다.

*굵은 글씨체가 불안이 있는 대목이다.

직장에서 과대기능자인 남편은 집에 돌아와선 과소기능자가 된다(Gilbert, 2004). 퇴근 후 집에 돌아와 아무것도 안 하고 무기력하게 널브러져 있다. 물론 그 반대일 수도 있지만 대체로 집보다 직장에 있을 때 기능을 더 잘하는 경향이 있다.

직장에서 리더는 과대기능자일 가능성이 높다. 그렇게 되면 직장 분위기는 활기와 생산성을 잃게 된다. 반면 리더가 과소기능인 경우 그 집단은 방향을 잃고 혼란스러워진다(Gilbert, 2004). 배는 산으로 간다.

자아분화가 잘 이루어져 가족 안에서 '자기'의 거래가 없다.

부모가 과대기능, 자녀가 과소기능으로 '자기'의 거래가 일어났다.
과대기능, 과소기능 모두 고통스럽다.

<그림 4-1> 과대기능과 과소기능

부모가 자녀를 돕는다는 구실로 부모가 과대기능을 하면 자녀는 과소기능을 맡게 된다. 자녀는 부모에게 점점 더 의존하며 살 것이다. 만일 일이 잘못되면 "나는 그저 부모 뜻에 따랐을 뿐이다. 잘못된 것은 부모 탓이다"라고 자녀는 부모에게 책임전가할 것이다.

과대기능자와 과소기능자 '자기'거래를 멈추고 둘 다 대등한 역할과 태도를 지니는 게 최선의 방법이다. 과대기능자는 모든 답을 안다는 우월한 자세를 그만 두고 자신에게 집중해야 한다(Gilbert, 2004).

과대기능자^{부모}는 과소기능자^{자녀}에 대한 관심을 접어 두고 부모 자신의 문제에 초점을 두는 것이 바람직하다. 자녀의 결정을 대신 내려주는 것 대신 무엇이 필요한지, 무엇을 원하는지 질문하고 자녀의 말을 있는 그대로 들어준다. 자기 생각과 느낌을 말하는 것은 분화를 위한 첫걸음이 된다. 과소기능자는 타인에게 답을 구하는 것을 중지하고 자신에게 머물면서 자신이 원하는 답을 스스로 구해본다. 커와 보웬(1988)은 불안이 전염되는 것처럼 침착하고 낙관적인 태도 역시 전염이 된다고 했다.

부모가 자신의 문제에 집중하게 되면 덩달아 자녀도 자녀 자신의 문제에 초점을 맞출 것이다. 자녀는 부모에게서 문제에 대한 답을 배우는 것이 아니라 문제를 해결하는 태도와 삶을 대하는 자세를 배우기 때문이다.

네 번째 불안을 처리하는 방법은 삼각관계를 맺는 것이다. 이 부분은 삼각관계에서 더 상세히 다룰 것이다.

5

불안, 자아분화와 가족의 역동

사건은 불안을 일으키는 촉발 요인일 뿐, 진짜 불안을 일으키는 원인은 아니다. 모든 결과에는 불안이 늘 따른다. 즉, 불안은 어쨌든 일어난다. 그렇다면 불안을 가장 잘 유발하는 것은 무엇일까? 보웬은 관계가 불안을 가장 많이 일으킨다고 하였다. 애착 관계가 필요없다고 부정하는 사람이나, 끊임없이 관계를 추구하는 사람이나 모두 불안해서 그렇다는 것이다. 양극단에 있는 둘 다 불안하다는 점에서는 똑같다.

1. 자아분화 수준이 낮을 때 불안

분화수준이 낮을수록 만성불안이 높은 이유는 무엇인가? 그 이유 중 하나는 미분화될수록 스스로 존재하는 것 자체가 불안하기 때문이다. 0~25점 사이에 해당하는 사람은 정신질환 같은 역기능을 가지고 있어 현실적응이 사실상 어렵다.

0~25점에 속한 사람은 존재 자체가 '불안 덩어리'다. '왜 불안한가'
라는 질문은 답을 할 수 있는 질문이 아니다. 스스로 돌보고 책임지고 인
생을 꾸려나갈 수 있다는 확신이 거의 없다. 불안을 잘 흡수하고, 흡수한
불안은 감당이 어렵고, 타인에게 불안을 잘 전염시킨다(Kerr & Bowen,
1988).

25~50점의 사람들은 분화수준이 가장 낮은 사람보다는 다소 기능적
이지만 그들 역시 불안에 취약하기는 마찬가지다. 이들은 칭찬과 사랑받
는 것이 매우 중요하다. 그래서 쉽게 불안해진다.

커와 보웬(1988)은 타인이 주인공인 사람들이 쉽게 불안해지는 이유와
과정을 제시했는데, 그것을 구체적으로 풀어서 서술하면 다음과 같다.

1) 타인의 인정과 칭찬이 중요할수록 다른 사람의 눈치를 봐야 하고 반
   응을 살펴야 한다. 상대의 의중을 알고 싶어 그 사람 머릿속에 들어가
   면 좋겠다는 소망이 있다. 무엇을 어떻게 해야 할지, 어디로 일이 흘러
   갈지 알 수 없다는 것에 힘들어한다.

2) 타인의 인정과 칭찬을 받으려면, 자신이 하고 싶은 것보다는 상대가 원
   하는 일을 해야 한다. 그래서 삶은 해야만 하는 일로 채워져 있다. 그
   생각을 하면 벌써 지치고 가슴이 답답하다. 이미 한계에 다다랐다. 거

기에 누군가 무엇을 해달라고 요구라도 하면 당장 폭발할 것 같다. 하중을 이기지 못해 바로 붕괴하기 직전의 건물과 비슷하다. 이젠 벽돌한 장의 무게도 버틸 수 없다. 이런 힘듦에도 불구하고 의무감과 부담감을 가지고 억지로 일을 한다면 어떤 일이 일어날까? 노력과 애씀에도 불구하고 수고에 대한 인정도, 좋은 결과도 기대하기 힘들 듯하다.

3) 칭찬과 인정이 중요한 사람은 일의 결과가 중요하다. 결과에 대한 비난이나 실패는 자아를 주저앉게 할 만큼 치명적이다. 결과가 성공할지 실패할지 알 수 없다는 것에 극심한 불안이 찾아온다. 그때 분화가 덜된 사람은 최악의 결말로 끝나는 소설을 잘 쓴다. 이렇게 불안하지 않으려면 강박적일 수밖에 없다. 그래서 자신을 학대하면서 일을 한다.

4) 타인이 자신의 대부분을 차지해 자아가 취약한 사람은 상대에 대한 적개심이 강하다. 편집증이나 공황장애를 앓는 사람들은 자신의 적개심을 다른 사람에게 투사하는 심리적 기제를 가지고 있다. 그래서 상대가 자기를 괴롭히고 해코지한다는 환상이 많다.
분화수준이 낮은 사람들은 타인이 죽길 바라는 환상을 실제 행동으로 옮긴다. 관계를 유지할 수 있는지, 관계가 생동감을 가질 수 있는지는 불안에 따라 달라진다. 분화수준이 낮은 사람은 정서적 지지가 절실하나 능력이 따라주지 않는다. 미분화된 원가족으로 인해 지지를 받을 수도 없다. 그래서 이들은 지지체계에 지나치리만큼 의존한다 (Kerr & Bowen, 1988).

5) 인생에 공짜가 없다는 생각을 한다. 부모에게 자녀도 마찬가지다. 죽도록 노력하거나 성취해서 겨우 얻어내는 것이다. 만약 거저 받았다면 반드시 보답하거나 되돌려 줘야 한다는 부채감이 있다. 그러다 다른 사람이 너무 쉽게 얻는 것을 보면 화가 나고, 자신의 처지가 불운하며 비참하다.

2. 불안이 퍼져나가는 과정

한 사람에게서 시작된 불안은 결국 모든 가족에게 전염된다. 불안에 전염되는 첫 번째 사람은 불안 당사자를 가장 예민하게 느끼는 사람이다.

부부 관계는 며칠 전부터 아슬아슬했다. K의 아내는 남편 K의 한마디 한마디가 거슬리고 상처가 된다. 아내의 퉁명스러움과 날카로운 한마디에 K 역시 불안해진다. 두 부부의 불안에 가장 영향을 많이 받는 것은 아내와 융합된 큰딸이다.

가족 안에서 가장 융합된 사람이 불안에 전염되어 제일 먼저 반응한다 (Kerr & Bowen, 1988). 큰딸은 이유를 모르겠지만 무언가 큰일이 날 것 같고 난리가 날 것 같아 불안하다. 부모의 눈치를 보지만 자신이 할 수 있는 것은 별로 없다. 이전에 문제가 된 사건들이 재발하지 않게끔 감시하고 단속하고 다니는 것밖에는 할 수 있는 것이 없다.

큰딸은 어머니가 불안해지기 전에 이미 불안해진다. 어머니의 편치 못한 기색을 보면서 '내가 뭘 잘못했지?' '어머니가 기분이 좋아지려면 내가 뭘 해야 하지?' 하는 생각을 한다(Kerr & Bowen, 1988). 그러다 결국 큰딸은 예상치 못한 곳에서 '불안한 사건'을 터뜨린다. 그러면 어머니가 불안해지고, 어머니의 불안은 다른 자녀들을 불안하게 만든다. 그러나 불안의 절정은 가족들이 아버지를 이 사건에 끌어들이면서부터다. 아버지의 개입은 어머니에 비해 상당한 파급력이 있다.

아버지는 아내의 비난이 두려워서, 그리고 아내를 구해야 한다는 책임감 때문에 사건에 뛰어든다. 이런 아버지의 감정반응은 상황을 악화시킨다(Kerr & Bowen, 1988). 가족은 이제 불안의 도가니가 된다. 다른 자녀들은 '가장 큰 문제는 너'라고 큰딸을 비난하면서 감정반응을 한다. 다른 자녀들은 큰딸이 잘못이라는 부모의 생각을 의심하지 않고 그대로 받아들이면서 부모와 융합된다. 다른 자녀들이 이러는 이유는 큰딸보다는 부모가 더 중요하고 더 애착되었기 때문이다. 이때 큰딸이 잘못이라는 판단과 비난은 도덕성과는 별 상관이 없는 듯하다. 큰딸이 잘못해서 비난하는 것이 아니라 다른 형제들은 집안이 시끄러워지고 불안해지는 것이 싫어서 비난할 뿐이다.

이렇게 동생들은 번번히 소외되고, 큰딸에게만 매달리는 부모가 원망스럽다. 이 가족은 갈등과 다툼으로 '콩가루 가족'처럼 보이지만 사실 매우 융합되어 있다. 융합된 증거는 첫째, 가족 안에서 큰딸을 바라보는 시각이 매우 비슷하다(Kerr & Bowen, 1988)는 것이다. 또 문제의 원인과 해결에 대한 생각이 모두 같다. 가족 안에서 변해야 할 사람은 큰딸이고 큰딸만 변하면 집안이 조용해진다고 여긴다.

둘째, 가족들은 모두 타인에게 초점을 두고 있다(Kerr & Bowen, 1988). 자신이 어떻게 하고 있는지 초점을 두는 사람은 단 한 명도 없다. 이것은 가족이 불안해서 감정반응으로 대응한다는 것을 보여주는 증거다.

부모가 자신의 문제에 집중하게 되면
덩달아 자녀도 자녀 자신의 문제에 초점을 맞출 것이다.
자녀는 부모에게서 문제에 대한 답을 배우는 것이 아니라
문제를 해결하는 태도와 삶을 대하는 자세를 배우기 때문이다.

이번 장에서는 관계를 곤란하게 만들고
사람을 병들게 하는 삼각관계를 다룰 것이다.

첫째, 삼각관계라는 덫
둘째, 더 커지는 삼각관계
셋째, 삼각관계에서 벗어나는 방법을 살펴 볼 예정이다.

5장

삼각관계

삼각관계라는 덫

1. 삼각관계를 맺는 과정

삼각관계 triangling 는 감정체계를 이루는 가장 작은 단위이자 기본 요소다(Bowen, 1985). 2자 관계는 불안에 취약하다는 단점이 있다. 테이블에 다리가 두 개인 것보다 세 개인 것이 더 안정적인 것처럼, 삼각관계는 2자 관계보다 훨씬 안정적이다. 삼각관계는 감정체계라서 인간뿐만 아니라 다른 동물들도 삼각관계를 맺는다. 윌슨(1975)은 적을 물리치기 위해 동물들이 파벌을 만들고 동맹을 맺어 싸우는 것을 쉽게 볼 수 있다고 했다. 어떤 가족이라도 삼각관계는 존재한다.

평온한 기간에 삼각관계는 친한 두 사람과 거리감이 조금 있는 아웃사이더로 이루어진다. 아웃사이더는 둘 중 한 사람과 연합을 이루려는 시도를 끊임없이 한다. 친한 두 사람은 단 둘이서만 친하게 지내고 싶다. 둘은 아웃사이더가 끼어들지 못하게 애를 쓴다(Bowen, 1985).

친한 세 친구가 있다. 관계에서 세 사람이 서로를 똑같이 좋아하기란 어려운 일이다. 세 사람 중 두 사람은 무슨 사연이든 간에 더 친한 이유가 있다. 두 사람이 긴밀해지면 나머지 한 사람은 소외감을 느끼게 된다. 홀로 된 사람은 외톨이가 되지 않으려고, 두 사람 사이에 끼려고 애를 쓴다. 가족에서는 이런 현상이 더 뚜렷하게 나타난다.

아내가 남편에게 화나는 일이 생겼다. 남편에게는 직접 이야기하지 못하고 딸을 붙잡고 하소연을 한다. "너희 아빠라는 사람은 도대체~" 이렇게 시작하는 뒷이야기로 아내는 속에 담아 둔 이야기를 쏟아낸다. 딸은 어머니를 위로하고 어머니 편을 들면서 아버지를 비난한다. 그 순간 딸은 자신만의 아버지에 대한 시각을 잃어버리고 어머니의 눈으로 아버지를 본다. 어머니는 "그래도 너희 아빠 같은 사람, 세상에 없다. 너에게는 아빠니까 너는 미워하지 마라"면서 끝을 낸다. 딸은 아버지를 좋아해야 할지 미워해야 할지 헷갈린다.

삼각관계에서 아웃사이더가 다른 사람과 연합하기 위해 하는 방법은 무엇일까? 사람들이 가장 선호하는 방법은 험담과 하소연이다(Gilbert, 2004; Paero, 1990). 그 과정을 보자.

두 사람 A와 B의 관계에서 A가 불안해지면 B도 덩달아 불안을 느낀다. 불안이 높아져 감당할 수 없게 되면 제3자인 C를 끌어들이는데, A가 C에게 B에 대해 하소연을 한다. C가 A를 공감하면서 A와 C는 더 친해지고, B는 아웃사이더가 된다. 이때 C는 2자 관계의 불안을 낮추는 역할을 한다. A는 마음이 누그러지고 B도 A가 편안해진 것을 보며 안도한다. 불안할수록, 관계가 중요할수록 삼각관계는 강해진다(Bowen, 1985).

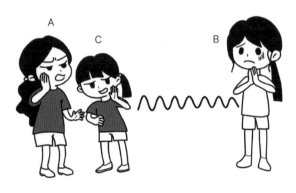

A가 C에게 B에 대해 불평을 하면서 A와 C가 가까워지고 B가 소외된다.

<그림5-1> 삼각관계를 이루는 과정

삼각관계에는 불안이 이동할 수 있는 통로가 있어서 세 사람이 각각 있을 때보다 더 큰 불안을 내포할 수 있다. 삼각관계에 걸린 사람이 없어지면 다른 사람이 대신해서 제3자가 된다. 삼각관계를 이루는 가장 쉬운 방법은 가장 가까이 있는 사람을 제3자로 끌어들이는 것이다. 가까이 있다는 것 자체가 제3자가 되는 이유다(Kerr & Bowen, 1988).

삼각관계에서 가장 중요한 요인이 바로 불안이다. 불안이 낮을 때는 삼각관계를 알 수 없을 정도로 조용하다 스트레스가 적당한 수준이 되면 삼각관계가 활동하기 시작한다. 그러다 불안이 너무 높아지면 여러 개의 삼각관계가 생겨나고 복잡한 양상이 된다. 복잡한 삼각관계에서는 불안을 효과적으로 처리할 수 없다(Papero, 1990).

불안을 처리하기 위해 2자가 제3자를 끌어당길 수도 있지만, 반대로 제3자가 2자 간의 문제에 끼어들려고 적극적으로 움직이는 경우도 있다 (Kerr & Bowen, 1988). 예를 들어 아버지가 불안해지면 어머니가 남편의 불안을 흡수해 버린다. 어머니가 불안하다는 것을 직감적으로 알아챈 자녀는 "엄마 무슨 일이야? 아빠가 엄마보고 뭐라 그래?"하며 자녀가 어머니에게 다가온다. 자녀는 어머니의 마음을 헤아려주면서 걱정한다. 그러면서 자녀는 부부 사이에 끼어든다. 이때 자녀는 어머니의 대리배우자surrogate spousing 역할을 한다. 이런 개념을 가장 먼저 언급한 사람은 프로이트다. 삼각관계와 대리배우자를 프로이트는 외디푸스 콤플렉스라는 개념으로 설명하였다.

부모 사이의 긴장이 어느 정도 높아지면 그때마다 자녀는 스스로 문제를 만들어낸다(Kerr & Bowen, 1988). 자녀가 부모한쪽 혹은 모두의 관심을 끌게 되면 부부는 자녀의 문제를 해결하느라 두 사람 문제는 뒷전이 된다. 그러면서 부부관계는 편안해진다. 부부관계를 편안하게 만들려고 자녀가 문제를 일으키는 것이다. 이런 현상이 계속 반복되면 자녀의 증상은 고착되고 만성화된다(Papero, 1990).

예를 들어보자. 부부의 불안을 줄이기 위해 부모가 자녀를 끌어들인다. 자녀는 말썽을 부린다거나, 아프다거나, 사고를 당해 다치거나, 성적이 떨어진다거나 진학에 실패하면서 부부의 주목을 끌고 부부의 불안을 자녀가 가져간다.

자녀는 자신의 감정, 생각, 행동을 부모의 긴장을 줄이는 데 사용한다 (Kerr & Bowen, 1988). 이런 패턴을 계속 반복하게 되면 패턴이 고착되어 자녀는 사고뭉치, 골칫덩어리가 된다. 자녀의 역기능은 부모의 도움과 개입을 부르게 되고, 결국 자녀는 과소기능자가 된다. 부모에 대한 자녀의 의존이 갈수록 커지고 문제는 심각해진다. 어른이 되어서도 자기 인생을 제대로 살기 어렵다. 겉에서 보면 골치 아픈 자녀 때문에 고생하는 부모가 가엾다. 자기가 하고 싶은 것을 어떻게 해서든 부모를 이용해 얻어내는 자녀가 얄밉기도 하다. 자녀를 비난하고 부모 편을 들고 싶을지도 모르겠다.

사실 부모는 자녀 문제를 해결하느라 에너지가 바닥났다. 많은 돈을 날렸고 시간이 어떻게 갔는지 모를 정도로 정신없었다. '부모 자신들을 위한 에너지'는 딴 세상 이야기처럼 낯설다. 그러나 역설적이게도 부모는 자녀가 '자기'를 버린 만큼 부모는 '자기'를 버리지 않는다. 부모와 자녀중 가장 심각한 손상을 입는 사람은 자녀다. 자녀는 전투에서는 이기지만 전쟁에서는 패한다(Kerr & Bowen, 1988).

스트레스 기간에 삼각관계의 감정과정은 사뭇 다르다. 아웃사이더의 지위는 안락하고 편안한 위치가 된다. 심각한 두 사람 사이에는 팽팽한 긴장감이 감돌고 두 사람은 같이 있기가 괴롭다. 불편한 관계를 피하고 싶어 두 사람은 서로 아웃사이더가 되려 한다(Bowen, 1985). 아들과 심각한 갈등을 겪는 어머니는 아버지를 적극적으로 끌어들인다. 아버지와 아들이 치열한 다툼을 하는 동안, 어머니는 두 사람 모두 문제라며 뒤로 물러난다. 싸움에서 빗겨나 구경꾼이 된 어머니는 아웃사이더가 되었다.

관계에서 불안이 일어날 때 삼각관계에 빠지지 않고 자신을 보호하려면 취해야 할 중요한 몇 가지 사항이 있다. 첫째, 관계 밖에 있어도 소외감을 느끼지 않는 것이다(Gilbert, 2004). 친밀한 2자 관계가 좋지만은 않다는 것을 명심해야 한다.

어머니가 하소연하는 대상이 맏이에게서 둘째로 바뀌었다. 맏이는 삼각관계에 걸려들어 제3자 역할을 충실하게 수행한 나머지 문제아가 되었다. 그래서 이번에는 어머니가 둘째를 붙들고 맏이 문제를 하소연한다. 둘째는 어머니의 호소와 넋두리를 들으며 '나는 이런 적 없었나? 나도 맏이처럼 했는데 어쩌지, 들키면 안 되는데' 하며 불안을 느낀다. 그러면서 어머니에게 "나는 맏이처럼 안 그럴 거다. 나를 믿어라"라고 맹세를 한다. 그러면서 이번에는 둘째가 삼각관계에 걸려든다.

둘째, 삼각관계에 걸려들지 않으려면, 불안에 끼어들어 가지 않게 노력해야 한다(Gilbert, 2004). 불안에 끼어드는 것은 섶을 지고 불구덩이에 뛰어드는 것과 같다. 친해진 두 사람을 질투하는 것은 쓸데없는 짓이라고 다짐을 해야 한다. 삼각관계에서 빠져나온 맏이는 둘째에게 자리를 뺏

겼다고 생각할 필요가 없다. 찬탈당한 왕위를 되찾으려고 애쓰지 말아야 한다. 어머니와 둘째도 언젠가는 관계가 불편해질 것이고 어머니는 맏이에게 그랬듯 둘째를 비난할 것이다.

아웃사이더 위치에 있는 것이 더 바람직하다. 그 이유는 관계를 더 침착하게 볼 수 있고 객관적으로 판단할 수 있기 때문이다. 반대로 삼각관계를 굳건하게 만드는 요인 두 가지는 바로 정서적 단절과 불안이다. 단절의 정도가 심각할수록, 고립이 강할수록 어려움은 커진다(Gilbert, 2004).

2. 삼각관계에서 제3자의 예

삼각관계에서 제3자는 사람뿐만 아니라 일이나 사물, 동물 같은 것도 포함된다. 두 사람 관계의 불안을 애꿎은 자녀가 대신 문제나 증상으로 표현하기도 하고, 일이나 술 혹은 강아지를 핑계로 다투기도 한다.

1) 사람

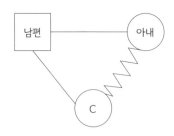

가족 구성원 중 자녀가 삼각관계에 걸려들기 쉽다. 자녀가 여러 명일 경우 돌아가면서 제3자가 되기도 하고, 자녀 중 한 명이 제3자로 고정될 수 있다. 제3자가 고정이 될 경우, 걸려든 자녀의 손상은 심각해질 수 있다. 외동의 어려움은 늘 제3자 역할을 도맡아야 한다는 점이다. 자녀가 결혼한 후에도 부모와 삼각관계를 맺는다면, 자녀의 부부관계에 심각한 영향을 미칠 수 있다.

제3자는 외부인이 될 수 있는데, 그 예가 외도다. 평온한 결혼생활을 하는 것처럼 보이는 부부가 있다. 아내가 적당히 가벼운 외도를 하지만 남편은 이를 알지 못한다. 그러나 외도가 강렬해지면 남편은 알아차리고 격분한다. 어떻게 알았는지 알 수 없지만, 남편이 아내의 외도를 알아버린 순간은 불륜관계가 가장 달콤할 때다(Papero, 1990).

2) 일

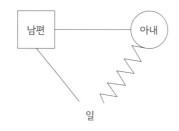

일은 부부의 불안하고 불편한 마음을 잠시 잊게 해주는 피난처 역할을 한다. 일은 좋은 명분이 되지만 일에 열중인 것이 꼭 좋지만은 않다. 관계에서 취미 활동도 제3자가 될 수 있다. 이 활동에 몰입하게 되면 둘의 관계를 잠시 잊을 수 있고, 곤란한 주제를 다루지 않아도 되는 이점이 있다. 제3의 역할을 하는 일이나 취미는 잠깐은 편안함을 가져오지만, 갈등이 해결되지 않고 심각해지면 제3의 요인은 오히려 싸움의 빌미가 된다.

3) 물질

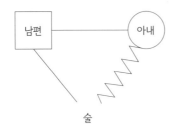

술

부부 싸움이 격해질수록 남편은 술을 더 찾게 된다. 술에 취하게 되면 불안이나 근심을 잊을 수 있고 위로가 된다. 술로 인해 부부의 진짜 불편한 주제는 수면 아래로 내려간다. 아내는 남편을 탓하는 대신 술을 탓한다. 술만 안 마시면 참 좋은 사람인데, 술이 남편을 망가뜨렸다고 원망한다. 이때 술은 부부관계를 이어주는 역할을 한다. 물질 가운데 또 강력한 제3의 요인이 되는 것 중의 하나는 돈이다. 돈을 벌 때만 친밀해지는 부부가 있는가 하면 돈 때문에 치열한 싸움을 하기도 한다.

4) 반려동물

강아지

<그림5-2> 반려동물과 삼각관계

반려동물은 충분히 가족 감정체계의 일부가 된다. 부부의 갈등에 반려동물이 다툼의 이유[제3자]가 될 수 있다. 예를 들어 배우자가 자신보다 반려동물을 더 아낀다고 질투한다든지, 반려동물에게 속마음을 얘기하면서 유일한 나의 말벗이라고도 한다.

2

더 커지는 불안, 더 커지는 삼각관계

불안이 너무 높아 삼각관계 하나로 감당이 안 되는 경우 어떻게 되는
지 살펴보자.

1. 서로 맞물린 삼각관계

첫 번째 방법은 여러 개의 삼각관계를 만드는 것이다. 2자 관계는 제3자
로도 불안이 해결되지 않아 제4자를 끌어와 삼각관계를 만든다. 불안이
높은 가족일수록 여러 삼각관계가 있다. 하나의 삼각관계로 불안이 해소
되지 않자 또 다른 삼각관계를 새끼 치듯이 늘려가는 것이다. 이것을 서로
맞물린 삼각관계 interlocking triangle 라고 한다(Bowen, 1985; Papero, 1990).

J씨 가족, 아들의 사춘기 시절

다음은 커와 보웬(1988)의 예를 재구성한 것이다.

분노조절이 어려운 J의 사춘기 아들과 어머니 J가 한바탕 싸웠다. 어머니는 남편에게 하소연을 하며 해결해 달라고 구원요청을 했지만, 남편은 꿈쩍도 하지 않았다. 남편이 뒤로 물러나 있자 어머니는 더욱 불안해졌고 상황은 점점 악화되었다. 어머니는 딸에게 자신의 걱정을 털어놓으면서 딸을 삼각관계로 끌어들였다. 아들은 딸에게 "너는 빠져라, 웬 간섭이냐"며 반발했고, 딸은 "너 때문에 어머니가 괴로워한다. 네가 우리 집 골칫덩어리다"라고 비난하며 싸웠다. 남매 모두 삼각관계에 걸렸다. 불안은 어머니와 아들의 관계에서 남매 관계로 넘어가고, 남매간에 싸움이 일어나는 동안 어머니는 아웃사이더 지위를 얻었다.

자녀들의 싸움은 보통 어머니의 불안이 그대로 투영된 것이다. 어머니의 불안은 현실로 만드는 힘을 가지고 있다. '자녀들이 싸우면 어쩌나' 하는 어머니의 걱정은 자녀들에게 전염되어 실제 현실에서 싸움을 실현한다. 또 자녀들의 다툼은 부부싸움의 대리전이기도 하다. 부부싸움이 어떤지 대신 볼 수 있는 것이 자녀의 싸움이다.

J씨 가족과 아들 부부

J의 아들 L은 결혼해서도 여전히 어머니 J와 분리가 어렵다. 아들 L의 아내는 6남매의 장녀로 연년생 동생들이 다섯이다. L의 어머니는 연이은 출산과 양육으로 정신이 없었고, 아이들은 늘 어머니의 보살핌과 사랑이

부족했다. 동생이 줄줄이 생기는 바람에 L의 아내는 아기 시절을 박탈당했다. 그래서 L의 아내는 어머니에게 미움과 원망이 있다.

J에게 아들 L은 딸보다 늘 부족한, 제대로 안 풀리는 걱정스러운 존재였다. L 부부는 어머니 J에게 인정받으려 애를 썼다. L은 부모의 걱정을 만회하려고, 며느리는 친정에서 받지 못한 인정을 시집에서 받으려고 노력했다. L은 늘 부모의 심기를 살폈고, 자신뿐만 아니라 아내도 자기처럼 부모에게 맞추길 원했다. J 부부는 모자란 아들 L을 위해 이런저런 일에 돈을 보태줬다. 돈을 줄수록 J는 아들 부부의 일에 개입하게 되었고, 나중에는 물건 하나 장만하는 것도 간섭했다. 며느리는 점점 시부모 J가 감당하기 어려워졌다.

L의 아내는 무슨 일을 결정할 때 남편 L이 또 부모와 상의하고 결정할까 봐 두려웠다. 그래서 자기가 하고 싶은 일이 있으면 남편 L에게 대충 이야기하고 자기 식대로 일을 진행했다. L은 아내의 그런 행동이 이해가 되지 않았다. 아내는 남편 L이 궁금해하며 물어보는 것이 간섭과 반대하는 것으로 들렸다. 그래서 더 숨기고 혼자 속전속결로 결정하며 일을 벌였다. 이런 아내의 모습에 남편 L은 무시당하고 배려받지 못하는 것 같아 화가 나고 슬펐다. L의 아내는 시부모 의견만 잘 따르는 남편이 원망스러웠고, 자신을 존중하지 않고 무시한다는 기분이 들어 외로웠다. L은 부모의 의견과 결정이 100% 옳다고 믿었고 아내에게도 부모 말을 따르라고 압박했다. 이 부부는 부부경계보다 부모-자녀의 경계가 더 강하다.

원래 있었던 남편의 부-모-아들 삼각관계, 아내의 부-모-딸 삼각관계, 이 두 개의 삼각관계가 새로운 부부관계로 인해 또 다른 삼각관계(남편-아내-시어머니, 남편-아내-친정어머니)를 만들었다. 아내가 친정어머니와 관계가 단절되지 않았다면 시어머니와 관계에 융합될 일은 적었을 것이다.

또 이들 부부가 시부모를 개입시키지 않고 이들 부부와 이해관계가 없는 제3자와 의논하였다면 상황은 전혀 다르게 전개되었을 것이다. 자아분화를 어느 정도 이룬 제3자라면, 부부문제에 관여는 하지만 부부와 삼각관계를 맺지는 않았을 것이다(Kerr & Bowen, 1988).

부부 싸움에 3:3, 총 6명이 가담한다.

<그림5-3 원가족과 분리되지 못한 커플의 부부싸움>

이혼을 하려는 부부가 가정법원에 올 때 이 부부가 이혼으로 갈지말지 알 수 있는 단서가 있다. 가정법원에 몇 사람이 오는지를 보면 알 수 있다. 부부 두 사람만 오는 경우 이혼을 재고하는 쪽으로 갈 수도 있다. 하지만 여섯 명 즉 부부와 그 부모가 오면 그 부부는 이혼으로 갈 확률이 높다. 이때 부모를 데리고 온 부부는 아직 심리적으로 혼인하지 않았다. 신혼부부 두 사람이 만든 부부체계는 엉성하기 짝이 없는 반면, 원가족의 부모와 자녀 관계는 아직도 돈독하고 굳건하다. 새로운 부부체계를 만들려는데 원가족의 부모가 들어와 훼방을 놓는다면, 부부는 각자의 부모더러 "이곳은 우리 둘만의 공간이니 나가 달라"고 해야 한다. 두 사람은 결혼을 하기에 아직 심리적으로 미성숙한, 준비가 덜 된 아이들이다. 진정한 결혼이 되려면 부부가 하나의 팀이 되어야 한다.

J씨 가족, 아들의 사춘기 시절

가족 안에서 불안을 삼각관계로 감당하기 어려워지면 불안을 줄이기 위해 가족 밖의 사회체계, 예를 들면 친척, 친구, 학교, 경찰, 상담센터, 병원으로 삼각관계를 더 많이 맺게 된다. 이렇게 확산한 삼각관계를 통해 가장 핵심이 되는 삼각관계 가족 내 삼각관계 는 불안을 상당히 줄일 수 있다 (Gilbert, 2004). 하지만 그것은 잠시뿐이다.

커와 보웬(1988)은 삼각관계가 가족을 벗어나 퍼져나가는 과정을 '상담센터를 방문한 어머니와 아들'의 예로 보여주었다. 처음에 하나였던 삼각관계가 또 다른 삼각관계를 만들어 새끼를 치면서 상황은 복잡하게 꼬인다. 커와 보웬의 예를 이해하기 쉽게 다음과 같이 재구성했다.

어머니 J와 사고뭉치 아들이 함께 상담센터에 왔다. 아들은 상담자 1

이, 어머니는 상담자 2가 맡아 따로따로 상담했다. 각 상담자에게는 수퍼바이저가 각각 있다. 아들을 맡은 상담자는 아들이 부모에게 제대로 이해받지 못하는 억울함, 형제와 비교당하며 차별받는 서러움, 부모에게 휘둘리며 부당한 대접을 받는 아들이 측은해 보였다. 상담자는 아들을 공감하면서 삼각관계를 맺었다. 어머니 J를 맡은 상담자는 제멋대로 이기적으로 구는 아들 때문에 고생하는 부모가 안쓰러웠다. 극성스럽고 철없는 아들이 변해야 한다는 어머니 생각에 동의하면서 상담자는 삼각관계를 맺었다. 수퍼바이저가 상담자의 생각에 동의하면서 삼각관계를 맺는다. 처음 아들-아버지-어머니로 시작한 삼각관계는 아들-상담자1-수퍼바이저1라는 두 번째 삼각관계 그리고 어머니-상담자2-수퍼바이저2 세 번째 삼각관계로 확대되었다. 아들의 상담자는 부모가 부모 역할을 제대로 하는지, 자녀의 눈높이에서 자녀를 충분히 이해하고 공감을 하는지에 초점을 두었다. 반면 어머니의 상담자는 무책임하고 미숙한 자녀를 어떻게 변화시킬지에 초점을 두었다. 우연히 두 수퍼바이저가 식당에서 만났다. 수퍼바이저들이 식사를 하면서 이 사례에 대해 의견을 나누었다. 관점이 전혀 다른 두 사람은 상담자가 문제를 제대로 파악했는지, 상담 접근이 적절한지를 따지다가 첨예하게 맞서면서 날선 공방을 펼치고 식당은 점점 아수라장이 되어 갔다. 상담자와 수퍼바이저가 한 편이 되어 서로 치고받을수록 어머니와 아들의 관계는 편안해진다. 둘은 웃으며 손을 잡고 상담센터를 떠난다! 부모와 아들의 불안은 맞물린 삼각관계로 떠넘겨졌기 때문에 일시적으로 불안이 낮아져 편안해 보이는 것이다.

가족의 불안은 부모-자녀 삼각관계 하나였다가 점점 다른 삼각관계를

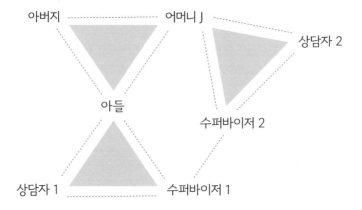

만들면서 맞물린 삼각관계로 퍼져나간다. 삼각관계는 어떤 쟁점에 대해 어느 한쪽 편을 들면서 만들어진다. 편들기에 개입되는 사람이 많아지고 관계가 확대되면서 맞물린 삼각관계는 점점 확장된다(Gilbert, 2004).

상담자와 수퍼바이저가 어떤 입장을 고수하면서 한편을 만들고, 반대 입장을 가진 다른 편과 서로 대립각을 세우는 일은 가족체계적 관점을 갖지 않은 상담자에게 얼마든지 일어날 수 있다. 체계적 관점이 빠진 개인 상담의 경우, 이중관계 문제를 피하려고 서로 다른 상담자가 아들과 어머니를 만날 수 있다. 그러나 가족치료의 경우에는 아들과 어머니를 함께 상담하기 때문에 이중관계에 대한 염려는 없다. 그 대신 중립성의 이슈를 잘 다루어야 한다.

이렇게 분화수준이 낮은 상담자와 수퍼바이저는 가족에게 해를 끼칠 수 있다. 불안이 더 큰 사회체계로 번지면 가족의 불안은 해소되는 것처럼 보인다. 그러나 불안은 엄청나게 증폭되어 가족에게 부메랑처럼 돌아온다.

2. 거대하게 커진 삼각관계

불안이 확산하는 두 번째 방식은 삼각관계 자체가 거대해져서 많은 사람이 삼각형의 각 꼭짓점에 몰려 있는 꼴이다. 감정이 잔뜩 실린 사회문제에서 잘 볼 수 있는데, 예를 들어 범죄자들은 삼각관계의 첫 번째 끄트머리에 몰려 있다. 분노하며 이들을 엄벌해야 한다고 주장하는 사람들은 두 번째 끄트머리에, 처벌보다는 치료와 재활의 기회를 줘야 한다는 사람들은 세 번째 끄트머리에 있다(Kerr & Bowen, 1988).

<그림5-4 거대하게 커진 삼각관계>

우리 사회에서도 이런 현상은 종종 볼 수 있다. 정치적인 문제에서 전혀 상식적이지 않고, 감정적이고 맹목적이며, 극단적인 태도를 지닌 진보와 보수가 두 끄트머리에, 이 둘에게 실망하여 정치에 냉소적인 사람들이 한 끄트머리에 있다. 이런 모습은 우리 사회가 감정적이며 미성숙하다

는 것을 보여준다. 삼각관계를 이루는 감정과정이 뚜렷할수록 우리 사회는 역기능적이 되고 우리는 권력을 쥔 자에게 이용당하기 쉽다.

3. 삼각관계에서 맡은 역할

삼각관계 안에서도 기능적 지위-불안촉발자, 증폭인, 억제인-가 있다. 불안촉발자는 문제에 과민하게 반응하는 최초의 사람으로 보통, 문제의 원인이라고 비난받는다. 하지만 이 사람이 불안의 근원은 아니다. 증폭인은 불안에 기름을 붓는 사람으로 불안을 더 크게 떠벌인다. 억제인은 불안한 상황을 해결하려 애를 쓴다. 억제인의 이런 행동은 증상을 줄일 수 있지만, 거꾸로 삼각관계를 강화할 수도 있다(Kerr & Bowen, 1988).

삼각관계에서 벗어나기, 탈삼각화

삼각관계에서 벗어나는 것은 자아분화를 이루는 첫걸음이 된다. 삼각관계에 걸려들지 않는 것이 최선이지만, 삼각관계에 걸려들었더라도 거기서 빠져나오는 것이 중요하다. 그것을 탈삼각화 detriangle 라고 한다.

탈삼각화 과정에서 가장 중요한 것은, 삼각관계에 휘말리고 다른 사람을 삼각관계에 끌어들이는 방식과 과정을 자각하는 것이다. "이모와 나는 사이가 안 좋아. 아들, 너도 이모하고 친하게 지내지 마"라고 어머니가 말하면 아들은 이것이 삼각관계인지 쉽게 안다. 그러나 삼각관계는 얼굴 표정, 목소리, 몸짓 등 비언어적인 메시지로 모호하게 전달되어 알아채기가 쉽지 않다(Kerr & Bowen, 1988). 융은 모성원형을 우로보로스적이라고 했다. 우로보로스는 신화에 나오는 뱀 혹은 용으로 자신의 꼬리를 입에 물고 동그란 모양을 하고 있다. 우로보로스는 완벽함을 상징하기도 하고 자궁을 뜻하기도 한다. 모성은 자녀를 휘감고 집어삼키는 특성이 있다. 모성에는 어머니의 심기가 그대로 자녀에게 전염되어 자녀가 어머니의 영향력 안에서 꼼짝 못 하게 하는 장악력이 있다. 어머니의 애매모호한 눈빛이나 말투가 뇌리에 박혀 자녀는 어머니의 뜻대로 어떻게 해야 할 것만 같다.

1. 탈삼각화를 위한 조건

탈삼각화를 위해서는 먼저 관계에서 양쪽을 모두 볼 수 있어야 한다. 한쪽은 가해자처럼, 한쪽은 피해자처럼 보여 양쪽을 똑같이 보기란 어려운 일이다. 탈삼각화란 단순히 '두 사람 사이에서 어느 한 편을 들지 말라'는 뜻이 아니다. 그것은 두 사람 사이에서 거리를 두고 감정과정을 파악하는 것이다. 개별성과 연합성의 상호작용, 그로 인한 불안과 감정반응, 그것이 가족에게 어떤 영향을 미치는지 아는 것이 탈삼각화다(Kerr & Bowen, 1988).

둘째, 탈삼각화는 감정적 중립을 지키는 것이다. 중립성이란 타인의 관점을 변화시키려는 감정 개입 없이 자신을 정의 define self 하는 것이다. 감정적 중립성을 가지면 1) 두 사람의 관계과정에서 양쪽을 다 볼 수 있고 2) 좋다/나쁘다 같은 감정으로, 정상/비정상 같은 평가와 편협한 시각으로 양쪽을 보지 않는다. 자신이 다 안다는 독단적인 태도나 어떤 입장을 취해야 할지 모르는 우유부단한 태도 역시 정서적 중립에서 벗어난 것이다(Kerr & Bowen, 1988).

셋째, 여기에는 의사소통 능력도 필요하다(Kerr & Bowen, 1988). 의사소통은 개인의 자존감 수준과 관계를 유지할 수 있는 능력 그리고 가족 기능의 건강함을 알 수 있는 중요한 지표가 된다. 관계가 너무 중요하다는 것과 관계가 잘 유지되길 바라는 간절한 기대를 먼저 이야기하는 것이 관계의 불안을 낮추는 데 도움이 된다.

2. 탈삼각화하는 방법

길버트(2004)가 제시한 탈삼각화 방법은 다음과 같다.

먼저 아웃사이더가 되는 것이다. 이것은 자아분화를 위한 중요한 과정인데, 특히 긴장이 팽팽할 때 더욱 그렇다. 불안도 전염되지만 침착함도 전염될 수 있다(Gilbert, 2004).

둘째, 긴장감이 팽팽해졌을 때 '삼각관계가 어디에 있는가?'라는 질문을 한다(Gilbert, 2004).

셋째, 침착하고 중립적인 태도로 삼각관계의 두 끝에 있는 사람 각각을 만난다. 그리고 "나는 당신들 둘이 이 문제를 해결할 수 있다는 것을 믿는다"라고 말한다(Gilbert, 2004).

제3자가 두 사람과 계속 접촉한다면 두 사람 사이의 긴장은 상당히 줄게 될 것이고 분화를 촉진할 것이다. 만약 삼각관계에 걸린 사람이 이런 시도를 하지 않고 그저 빠져 버리기만 하면 다른 사람이 대신 삼각관계에 걸려든다. 즉 삼각관계는 이 사람에서 저 사람으로 대체되었을 뿐, 가족 안에 삼각관계는 계속 존재하게 되어(Bowen, 1985) 근본적인 해결책이 되지는 않는다.

4

불안 낮추기, 분화수준 올리기, 탈삼각화하기

불안, 자아분화, 탈삼각화는 서로 연결된 개념이다. 그래서 불안은 낮추고 자아분화 수준은 올리면서 탈삼각화하는 방법 역시 연결되어 있고 내용 또한 비슷하다.

불안이라는 녀석은 두려워했던 상상을 현실로 만드는 마력이 있다. 불안은 종종 '걱정'이라는 옷을 입고 나타난다. 이때 불안은 자녀에게 만성불안이 되기 십상이다. 커와 보웬(1988)은 부모가 자녀에게 불안을 물려주지 않으려고 아무리 애를 써도 그것은 어려운 일이라고 했다. 그 이유는 부모가 분화되지 않으면 자녀를 떼놓고 객관적으로 볼 능력이 없기 때문이다. 부모는 자녀를 부모 관점에서 보고 해석하기 때문에, 자녀를 자신과 별개로 보기가 힘들다. 그래서 불안을 없애려는 부모의 노력 자체가 오히려 융합을 촉진하고 심화시키는 역할을 한다. 어설픈 자아를 가진 자녀는 부모의 것을 그대로 흡수하여 자신의 것으로 만든다. 자녀는 마치 스펀지 같아서 부모의 감정을 그대로 빨아들인다. 불안이 자녀에게 갈까 봐 정색하는 부모를 보면서, 자녀는 영문도 모른 채 부모의 불안만 흡수한다. 이때 부모의 감정은 내 것이 아니라고, 나는 부모와 다른 감정을 가졌다고 주장하는 아이는 건강하고 튼튼한 자아를 가졌다.

우리는 앞에서 불안이 높아지면 자동으로 하게 되는 행동방식들을 보았다. 그 행동들은 가족의 희생을 무릅쓰더라도 어떻게 해서든 불안을 낮추려는 눈물겨운 시도들이다. 불안을 낮추는 가장 좋은 방법은 무엇인가? 가장 기본적이고도 최선인 방법은 기본 분화수준을 높이는 것이다. 한 사람의 자아분화 수준을 높이면 가족 전체에 영향을 줘서 다른 가족원의 분화수준도 따라 올라간다.

자아분화 수준을 높이지 않은 채 어떤 치료를 받고 증상이 호전되었다고 하자. 그러면 이번엔 다른 사람이 바통을 이어받아 증상을 일으킨다. 증상을 가진 사람만 바뀌었을 뿐, 가족 전체로 보면 불안도 자아분화도 변한 것이 하나도 없다. 하지만 기본분화수준을 높이면 달라진다. 만성불안과 가족체계 안에서 자기의 '잃고 얻음' 교환이 줄어 다른 사람이 대신하여 증상을 갖지 않는다(Kerr & Bowen, 1988).

1. 자아분화 수준 올리기
그러면 자아분화 수준을 어떻게 올리는가? 방법은 무엇인가?

먼저 커와 보웬(1988)은 자아분화를 올리기 위한 몇 가지 방법을 제안했다. 먼저 타인이 변할 것이라는 기대나 변해야 한다는 요구를 하지 않고, **오로지 자신을 변화시키는 데만 집중하는 것이다.** 그 방법들을 구체적으로 보면 다음과 같다.

첫째, 가족 안에서 한 사람으로 존재하고자 노력하는 것이 핵심이다. 가족들에게 쏟은 관심을 자신에게 돌려 자신에게만 집중하는 것이다. 그것은 배려가 없거나 이기적인 것이 아니다.

특히 불안해질 때, 자신의 불안에 초점을 두고 자각하는 것이 중요하다. 자신의 불안에만 온전히 책임을 지는 것이다. 이때 불안에 압도당하거나, 불안에 휘말리거나, 당장 불안을 없애려고 하지 않아야 한다. 커와 보웬(1988)은 불안을 참고 인내하기로 단단히 마음을 먹어야 한다고 했다. 불안이 일어나면 불안이 잠잠해질 때까지 가만히 기다리는 게 상책이다. 불안할 때 그 어떤 것을 해도 별 소용이 없다. 그 이유는 불안은 불안한 일을 만들기 때문이다. 특히 갈등 상황에서 한 사람만이라도 그저 차분하게 있는 것이 매우 중요하다. 한 사람이 뒤로 물러나 심호흡을 하면서 침착해져야 한다. 불안을 쉬게 하는 것이다.

불안하면 자신이 어떤 상태인지, 무엇이 일어나는지 불안을 보는 시각을 상실하기 쉽다(Kerr & Bowen, 1988). 자신에 대한 세심한 관찰과 자각만으로도 불안을 어느 정도 줄일 수 있다. 그러려면 먼저 자신의 감정을 잘 알아채는 것이 관건이다. 자신이 불안한지, 예민한지 스스로 자각해야 한다. 불안하다면 상대의 어떤 면 때문에 그런지, 구체적으로 상대방의 어떤 표정과 말투, 눈빛에 예민해지고 자극받는지, 그때 상대의 신호를 무슨 뜻이라고 해석하는지, 상대의 감정에 자신은 어떤 대응을 하는지, 자신의 감정은 어떻게 변하는지 생각해 본다. 부담스럽거나, 피하고 싶거나, 거들어야 할 것 같거나, 발끈하거나 등등 순간적으로 일어나는 감정에 초점을 둔다. 이때 상대의 신호에 대한 나의 해석이 맞는지 상대방에게 묻고 확인하면 더 바람직하다. 왜냐면 상대와 상관없는 순전히 자신만의 해석일 수도 있기 때문이다.

자신을 평가하지 말고 자유롭게 열린 마음으로 감정을 다루어야 한다. 이렇게 표현과 감정을 나누는 것은 불안을 낮추고 분화수준을 높이는 데 도움이 된다. 개별성을 회복시켜 '나' 자신이 되려는 태도 역시 다른 가족원에게 전염이 된다고 보웬은 주장했다. 자신에게 관심을 가지고 집중하는 것이 도미노처럼 연쇄반응으로 퍼져나갈 것이다. 그러면 감정 경계선이 살아나면서 경계선이 뚜렷해진다.

이렇게 하면서 각자는 감정보다 자신의 용기와 확신이 더 힘세다는 것을 배우게 된다(Kerr & Bowen, 1988). 하지만 자아의 분화수준을 높이는 작업은 만만치 않은 일이다. 많은 사람은 자신만의 방식대로 삶을 충만히 살길 바란다. 하지만 그 방법을 모르는 경우가 많다. 자아분화를 이론으로 배워 머리로는 알지만 실제로 자아분화를 행동으로 옮기는 사람은 적다. 자아분화 작업에는 작업을 방해하는 장애물이 많기 때문이다.

가장 먼저 만나는 장애물은 상당히 묵직해서 중도에 포기하고 싶을지 모른다. 그것은 다름 아닌 가족들의 불만과 비난이다. 분화수준을 높이려는 시도가 다른 가족들에게는 혼자 편안해지려는 이기적인 것으로 보이고, 중립적인 말은 냉정하고 싹수없는 말로 들린다. 심한 경우, 가족들은 분화수준을 높이려 하는 구성원을 배신자로 취급한다. 여기에는 함정이 있다. 가족들의 비난과 반대에 방어하거나 해명하려는 시도가 바로 그 함정인데, 여기에 빠지면 다시 삼각관계에 휘말리게 된다. 탈삼각화는 불안 수준이 낮거나 적당할 때 가장 효과적이다. 불안한 사람이 불안이 심한 가족에서 벗어나려고 할 때, 탈삼각화는 문제를 더 악화시킬 수 있다(Kerr & Bowen, 1988). 자아분화와 가족들의 비난은 한 쌍이다.

특히 상담 전공자들은 수련 과정에서 자신과 가족의 문제를 다루지 않고 갈 수 없다(물론 상담자만 자신의 가족 문제를 다루어야 한다고 생각하지 않는다). 자신의 가족과 관련된 이슈가 해결되지 않으면, 상담 장면에서 원가족 이슈가 계속해서 상담자를 괴롭히고 발목을 잡는다. 상담자가 성장을 위해 가족 안에서 자신의 역할과 감정을 맞닥뜨리게 되면, 더는 이대로 살 수 없다는 자각과 함께 자신의 삶을 살고자 하는 결단이 올라온다. 이런 변화에 가족들은 '상담 공부하면서 애가 이상해졌다', '그렇게 착하고 말 잘 듣던 애가 변했다'라고 부정적인 반응을 보인다. 그때 '착하다'와 '말 잘 듣는다'라는 의미가 무엇인지 알게 되면 많은 생각이 든다.

가족은 기존의 관계 패턴이 바뀌는 것을 용납하지 않는다. 왜냐면, 감정체계에는 항상성 homeostasis 이라는 작동원리가 있기 때문이다. 항상성이란 늘 해왔던 방식과 일정한 수준을 지키려는 경향을 말한다. 이때 변화의 방향이 기능적인가 역기능적인가는 상관이 없다. 좋게 변하든 나쁘게 변하든 상관없이, 어쨌든 변하지 않고 그 상태를 유지하려는 것이 중요하다. 이것은 마치 우리 몸의 온도를 36.5도라는 적정선을 지키기 위해 신체 스스로 조절하는 것과 같다. 몸에 열이 나 36.5도를 넘어서게 되면 땀을 흘려 체온을 낮춘다. 추위에 체온이 낮아지면 몸을 덜덜 떨게 하여 체온을 올린다. 가족마다 항상성의 형태나 수준은 모두 다르지만, 어쨌든 가족체계는 항상성을 유지하려는 경향이 매우 강하다. 자아분화라는 성장으로 나가는 것도 항상성을 거스르는 일이기 때문에 가족체계는 균형을 맞추려 한다.

매우 역설적이지만, 가족의 반대나 비난은 분화 작업이 성공적으로 이루어지고 있다는 증거이기도 하다. 또 가족의 방해라는 어려움을 겪으면서 분화 개념이 무엇인지를 더 명확하게 이해할 수도 있다. 이때 인내심과 용기가 필요하다. 내가 되어 살아가는 것을 저지하고 주저앉히려는 힘에 굴복하지 않아야 한다(Kerr & Bowen, 1988).

자아분화 수준을 높이려는 과정에서 두 번째 장애물은 자신에 대한 의심이다. 때론 분화를 이루려는 성장을 위한 과정인지, 아니면 이기적인 과정인지 본인도 의심이 들 때가 있다. 곤란한 가족 문제에서 어려움을 겪는 가족을 팽개치고 자기만 살겠다고 빠져나오는 것은 아닌지 헷갈린다. 그런데 우리에게는 태어나기 전에 이미 프로그래밍 된 선험적 결정체인 '원형'이라는 것이 있다. 가족과 분리라는 인생의 숙제를 할 때 작동하는 원형이 바로 죄책감이라는 것이다. 이 죄책감은 너무나 커서 마치 어머니를 죽이고 아버지를 죽이는 것처럼 느껴진다. 융은 '모성살해'나 '부성살해' 신화는 부모로부터의 분리를 상징적으로 표현한 것이라고 보았다. 원형이 하는 일이라면 가족과의 분리에서 죄책감이라는 불안이 올라오는 것은 어쩌면 당연한 일이다.

분화수준을 높인다는 의미는 관계를 피하거나 관계를 끊으라는 의미가 아니다. 오히려 감정적으로 중요한 사람과 관계를 하고 있을 때 높은 분화수준을 성취할 수 있다. 그래서 분화수준을 높이는 두 번째 방법은 자신의 가족으로 돌아가 거기서 작업을 하는 것이다. 관계의 어려움을 가장 효과적으로 해결하고 변화시킬 수 있는 곳은 처음 관계가 만들어졌던 바로 그곳이다(Gilbert, 2004).

자아분화 수준을 높이는 방법 세 번째는 다른 가족에 대한 요구나 기대를 하지 않는 것이다(Kerr & bowen, 1988). 가족에게 변하라고 요구를 하거나, 변하지 않는다고 겁박하지 않는다. 또 자신의 분화를 위해서 가족에게 도와달라고 요청하거나 바라지도 않는다. 가족에게 대가를 바라고 어떻게 되도록 의존하는 것은 분화의 방향에 역행하는 것이다.

네 번째, 문제의 원인에 대한 자신의 생각을 재부팅해야 한다. 문제라고 여겼던 기존의 가설을 해체하고 원점에서 다시 검토해야 한다. 과연 자신의 생각과 신념이 맞는지 의문을 제기하고 답을 새로 구하는 것이다.

흔히 가지고 있는 잘못된 가설의 예는 부모에게서 충분한 사랑을 받지 못한 데서 문제가 비롯되었다는 생각이다. 부모에게서 더 많은 사랑과 관심을 받고 자랐다면 훨씬 건강하고 보다 잘 기능하는 사람이 되었으리라. 하지만 이 생각은 틀렸다. 이것은 그저 가족으로부터 감정적 분리가 제대로 이루어지지 않았음을 의미할 뿐이다(Kerr & Bowen, 1988). 어른이 되어서도 어린 시절 부모가 채워주지 못한 애착 욕구를 그 누군가가 채워줄 수 있다고 믿고 사랑을 계속 찾아다닌다는 것은 아직도 어린아이 시각으로 세상을 산다는 뜻이다.

이런 유아적인 욕구는 의존이 절대적인 유아기 시절에만 필요하다. 그래서 어린아이 시절에만 온전히 충족될 수 있다. 어른이 되어서는 충족될 필요도 없고 충족될 수도 없다. 왜냐면 어른에게 애착 욕구 충족은 생존을 좌우하지도 않고, 자신의 정체성을 형성하는데 결정적이지도 않기 때문이다(Richo, 1991). 상담에서도 마찬가지다. 따뜻하고 지지적인 환경이 환자의 증상을 완화할 수 있다. 하지만 그것은 어렸을 적 부모-자녀 간의 일(사실이든 상상이든)을 반복하는 것일 뿐, 결코 근본적인 해결책이 될 수 없다(Kerr & Bowen, 1988).

부모의 부부 갈등에서 원인 제공자가 아버지라고 여기는 자녀가 있다. '아버지의 잘못은 무엇이고 이로 인해 어머니의 상처는 어떠하다. 두 분이 헤어지지 못하고 결혼생활을 유지하는 것은 자신 때문이다'라고 자녀는 생각한다. 하지만 자녀가 부모의 관계에서 일어나는 일을 다 아는 것은 불가능하다. 단지 이 자녀는 부모와의 삼각관계에 걸려들었고, 어머니와 강한 융합을 이루었을 뿐이다.

앞서 언급한 과정들을 거치게 되면 감정적으로 분리되고 중립을 지킬 수 있게 된다. 중립성으로 인해 시끄러운 여러 일에 침묵할 수 있는 능력, '해야 한다'는 생각이 올라왔을 때 그것이 상대에게 미치는 영향을 아는 능력, 다른 사람 문제에 개입하지 않는 능력이 생기게 된다(Kerr & Bowen, 1988).

분화를 위한 과정은 쉽지 않다. 단박에 배울 수도 없다. 큰 노력과 시간이 걸리는 일이라서 무엇보다 자신의 동기와 의지가 있어야 한다. 또 어느 정도의 학습 능력도 요구된다.

커와 보웬(1988)은 자아분화를 '존재의 방식을 사고의 방식으로 번안한 개념'이라고 했다. 자아분화는 치료기법이 아니라는 뜻이다. 기법이란 다른 사람을 변화시키려는 시도로, 자아분화 수준을 높이려는 것과 정반대 방향이다.

부모의 불안이 자녀에게 전달되고 자녀를 망치는 과정을
이 장에서 소개하려 한다.

첫째, 핵가족 정서체계의 의미
둘째, 비슷한 자아분화수준이 서로 만나게 되는 배우자 선택 과정
셋째, 어떻게 역기능이 표현되는지-아픈 배우자와 자녀를 살펴보겠다.

6장

핵가족 정서체계

핵가족 정서체계

1. 핵가족 정서체계

핵가족 정서체계nuclear family emotional system 는 다세대를 설명하기 위한 개념이다. 핵가족 감정체계가 맞지만, 기존의 여러 책에서 핵가족 정서체계라고 부르고 있어 혼돈을 막고자 그대로 핵가족 정서체계라고 한다. 여기서 '핵'이란 핵심이란 뜻으로 감정단위로서 매우 중요하다는 의미가 있다. 또 분자를 쪼개고 원자를 쪼개면 핵이라는 단위가 나오는 것처럼 가족체계에서 가장 작은 기초단위라는 뜻도 있다. 가족의 감정기능은 어느 날 갑자기 만들어진 것이 아니라 과거 조상부터 오랜 시간에 걸쳐 대대로 내려온 것이다.

핵가족 정서체계는 원가족에서 자녀가 **감정반응의 강도와 특징**을 어떻게 학습하는지 보여주는 개념이다. 자신과 비슷한 분화수준을 가진 배우자를 선택하여, 원가족에서 배운 패턴을 똑같이 적용하고 반복하여 다시 자녀에게 이어주는 과정이다. 자녀의 자아분화 수준은 부모의 자아분화 수준에 의해 결정된다. 윗세대가 성취한 자아분화 수준이 자녀의 기능을 결정하는데, 자녀는 관계과정을 그대로 재생산하고 강화하는 역할을 한다(Kerr & Bowen, 1988).

2. 역기능을 어떻게 볼 것인가

보웬은 정상가족이나 비정상가족, 병리적 가족이란 개념은 존재하지 않는다고 보았다. 그래서 가족기능 또한 정상과 역기능 이렇게 둘로 딱 잘라 나눌 수가 없다고 했다. 설사 둘로 나눌 수 있다 하더라도 분명한 기준이 없다. 보웬은 모든 가족은 일련의 연속선상^{기능적-약간의 문제-심각한 문제} 그 어디 즈음에 위치한다고 보았다. 가족의 감정과정은 본질적으로 비슷하다. 그래서 가족기능의 차이는 양적으로 차이 나는 것일 뿐, 질적인 차이란 없다.

정신병과 신경증의 차이 역시 손상 정도이지 질적으로 다른 것은 아니다. 이 주장은 프로이트부터 시작되었는데, 프로이트는 정신이 건강한 것, 신경증, 정신병 사이에는 명백한 경계선이 없다고 하였다. 전적으로 정도의 차이 즉 양의 차이라고 하였다.

자아분화 역시 연속선 위 어디 즈음에 있다. 조현병이 있는 가족이 따로 있는 것이 아니라 역기능이 세대를 거쳐 내려오면 어떤 가족이라도 조현병이 발병할 수 있다고 보웬은 보았다. 거꾸로 모든 가족은 훈련을 통해 자아분화 수준과 가족기능을 끌어 올릴 수 있다.

가족이 건강한지 아닌지, 문제가 일어났을 때 잘 기능하는지 아닌지는 '가족이 서로 관계를 잘 맺는가'를 보면 알 수 있다. 가족기능이 엉망이라는 것은 증상이 있어야 알 수 있는 것이 아니다. 증상이 일어나기 전부터 이미 문제는 존재하는데, 그것은 관계를 보면 알 수 있다. 병이 빠르게 악화한 사람은 아프기 전부터 이미 관계의 문제로 인해 발병하기 좋은 상태가 되었다(Kerr & Bowen, 1988).

가족 내에 불안이 강해지면 가족체계가 감당할 수 없을 때 역기능이 발생한다. 역기능 증상은 신체적 의학적 장애, 감정적 정신병리, 사회적 범법 행위 측면에서 나타난다. 다음은 보웬이 말하는 대표적인 역기능 유형이다.

1) 배우자의 역기능
2) 부부갈등
3) 정서적 단절
4) 자녀의 역기능

여기서는 정서적 단절, 배우자의 역기능, 자녀의 역기능을 다루기로 한다. 어떤 종류의 역기능이 일어나는가는 부모가 원가족에서 어떤 경험을 하면서 성장했느냐에 따라 결정된다(Papero, 1990). 신체적, 감정적, 사회적 역기능이 일어난 원인을 모두 가족체계의 문제라고 말할 수는 없다.

역기능이 일어나는 데는 여러 가지 요인들이 복합적으로 작용한다. 그러나 핵가족 감정체계 기능은 역기능을 촉진할 수 있다. 가족 감정체계는 역기능이 발발하기 최적의 환경을 조성해주기 때문이다. 가족의 불안이 최고조일 때 가장 취약한 사람이 병에 걸릴 수 있는데(Kerr & Bowen, 1988), 건강이야말로 기능 상태를 나타내는 좋은 지표가 된다(Papero, 1990).

가족 가운데 배우자가 역기능적이라면, 그 배우자가 가족의 불안을 모두 흡수한다는 뜻이다. 부부 싸움이 치열할 때마다 유독 신체적·감정적·사회적 문제를 보이는 자녀가 있다. 이 자녀는 가족의 불안을 온몸으로 흡수하여 가족을 위해 자기희생을 하고 있다. 왜냐면 아픈 사람 덕분에 다른 가족들은 본질적인 문제에서 비켜날 수 있고, 심지어는 나머지 가족의 기능이 더 좋아질 수 있기 때문이다(Kerr & Bowen, 1988). 아내가 아프면 남편은 아픈 아내를 병원에 데려가고, 아내 대신 가사 일과 자녀를 돌봐야 한다. 이러려면 남편의 기능이 좋아져야 한다. 부부싸움으로 불안이 고조될 때마다 문제를 일으키는 자녀가 있다. 부부는 다툼을 잠시 보류하고 우선 급한 불인 자녀의 문제부터 끄기로 한다. 문제를 해결하기 위해 부부는 한마음이 되어 협력한다. 덕분에 부부는 파국을 면할 수 있다.

부부갈등이 첨예할 때마다 문제를 일으키는 자녀가 있는가 하면 유달리 공부를 잘하는 자녀가 있다. 자녀는 가족의 자랑이 되고 부부의 기쁨이 되며 사는 낙이 된다. 이 자녀는 부모의 부부관계가 와해되지 않도록 자녀가 가족을 떠받들고 있었다. 또 어른처럼 의젓하게 상처받은 부모를 위로하고 돌보는 자녀가 있다. 어려운 상황에서는 자원을 훨씬 많이 가진 부모가 자녀를 돌보는 게 당연하다. 그러나 반대로 어른이 힘든 것을 보고 어린 자녀가 어려움을 감당한다. 자신의 감정을 돌보기는커녕 오히려 부모를 위로하고 보살피며 가족을 돌본다. 어른처럼 의젓하고 이해심 많고 배려하는 거짓자기 역시 가족의 불안을 처리하는 방식일 뿐 자녀가 철이 들거나 뛰어나서 그런 것은 아니다.

분화수준이 낮은 경우 가족의 역기능은 더욱 심각해진다. 불안이 너무 높으면 가족 중 어떤 사람 혼자서 감당할 수가 없다. 그래서 여러 명이, 다양한 역기능을, 만성적으로 보인다. 가족 중 알코올 중독자 아버지와 비행 청소년 자녀가 있다. 두 사람이 가족 전체의 불안을 흡수하고 처리하고 있다는 것을 역기능으로 보여주는 것이다. 분화수준이 높을수록 증상은 한 사람에게 짧은 기간에만 보인다. 이때 분화수준보다 더 중요한 것은 가족이 스트레스를 감당할 수 있는지 여부다(Kerr & Bowen, 1988).

2

배우자 선택, 제 눈의 안경

1. 천생연분을 단박에 알아보다

원가족과의 분리가 어려우면 자녀는 부모와 정서적 단절을 하며 떠난다. 융합은 단절과 한 쌍이기 때문이다. 분화가 낮은 사람은 혼자 있기 어려워 가족을 대체할 짝을 빨리 만든다. 그래서 어린 나이의 결혼은 정서적 단절을 의미할 수 있다. 자신과 비슷한 분화수준의 배우자를 만나면 배우자가 자신과 잘 맞는 사람이라 여기기 쉽다. 분화수준이 낮은 부부일수록 배우자와의 융합은 강하다. 서로는 세상에서 의존할 수 있는 유일한 상대이기 때문에, 두 사람 사이에 불안이 일어나게 되면 막다른 골목처럼 곤란해진다. 그래서 부부는 원가족에서 배운 것처럼 '감정적으로 한 덩어리'가 되어 불안에 대처할 수밖에 없다.

핵가족 정서체계는 역기능 가족 출신의 두 사람이 만나 역기능 자녀를 만들고 역기능 가족이 되는 과정을 설명한 것이다. 전통적인 관점에선 결혼을 통해 부부는 ½과 ½이 더해져 1이 되어야 한다고 강조했다. 그러나 역기능 가족에서는 ½과 ½이 곱해져 1은커녕 ½보다 적은 ¼이 될 수 있다(Bradshow, 1988).

많은 사람이 매우 이성적으로 배우자를 선택했다고 착각한다. 취미나 관심사, 삶에 대한 가치관 등등 요모조모 따져가며 배우자를 결정한 줄 알지만, 배우자 선택 과정은 매우 무의식적으로 이루어진다. 배우자를 알아채고 결정하는 데는 채 1초가 걸리지 않는다고 한다. 분화수준이 비슷할수록 두 사람은 아주 짧은 시간 안에 자동으로 강렬하게 이끌린다. 그 이유를 보면

첫째, 상대가 원가족 감정체계를 그대로 되살려 줄 수 있고, 자신의 감정적 거울이라는 것을 단박에 알아보기 때문이다. 이렇게 만난 두 사람은 자신의 원가족 관계를 그대로 반복할 수 있다(Kerr & Bowen, 1988). 이런 부부를 천생연분이라고 한다. 어머니와 비슷한 아내를 만나서 어머니와 경험했던 감정을 계속 반복하며 이어나간다. 분화수준이 낮은 부부의 경우, 남편은 아내의 단점만 보는 것이 아니라 어머니의 나쁜 점까지 투사하여 아내를 더 비난하기도 한다. 과거 경험은 추억이라는 이름으로 아름답게 포장되어 "우리 어머니는 너 같지는 않아"라며 아내를 더 나쁜 사람으로 몰아간다.

자동적이고 무의식적으로 일어나는 이 과정을 정신분석에서는 전이라고 부른다. 이런 전이를 꼭 병리적이라고만 할 수는 없다. 과거 경험을 그대로 유지하려는 이런 현상은 아주 보편적인 것으로, 인간뿐만 아니라 다른 동물에게도 아주 흔하게 일어나는 일이기 때문이다(Kerr & Bowen, 1988).

둘째, 배우자가 '딱 내 사람이다. 나와 너무 잘 어울린다'라는 의미는 관계가 편안하다는 의미도 있지만, 융합이 쉽게 일어날 수 있다는 뜻도 있다(Kerr & Bowen, 1988). 불안이 낮아 평화로울 때는 환상의 케미를 자랑하지만, 불안이 높아지면 '죽이 잘 맞는' 바로 그 점 때문에 갈등이 첨예해질 수 있다. 즉 융합된 관계를 이루기 쉽다는 뜻이다. 융합된 관계는 다시 불안을 일으키고, 불안이 감당할 수 없을 지경에 이르게 되면 관계에서 여러 증상이 나타난다. 부부갈등, 배우자의 역기능, 자녀의 역기능 같은 것이 그 대표적인 예다. 감정적으로 잘 맞는 관계는 분화수준과 상관이 없다. 모든 분화수준에서 환상의 케미는 있을 수 있다. 하지만 분화가 높을 때보다 분화가 낮을수록 서로 잘 맞다고 여기는 바로 그 지점이 갈등을 부추길 수 있다. 그 이유는 융합이 심할수록 관계가 감당해야 하는 부담이 커지고 부작용도 크기 때문이다.

분화수준이 서로 다른 경우는 어떨까? 답은 '관계를 계속 이어나가기 어렵다'이다. 분화수준이 낮은 사람은 상대적으로 분화수준이 높은 상대를 보며 '왜 나같이 못난 사람과 함께 할까'라는 의구심을 갖는다. 건강하게 잘 자랐고 자기 삶을 잘 꾸려가는 상대방과 비교해 자신은 못난 것 같고 자기의 원가족이 부끄럽다. 상대방 옆에 있을수록 자신이 초라해져 견딜 수가 없다. 그래서 먼저 떠나기도 한다. 분화수준이 높은 사람은 상대방의 불안을 보며 처음에는 도와주고 싶을지도 모른다. 불안을 가라앉혀 주려 애쓰지만, 상대의 불안은 쉽게 진정되지 않고 점점 더 무력감을 느낀다. 별일 아닌 일에도 불안해하는 상대를 점점 이해할 수 없다. 그러면서 관계가 소원해진다.

커플의 자아분화 수준이 비슷하다.

자아분화 수준이 서로 달라 관계를 유지하기 어렵다.

<그림 6-1> 자아분화 수준이 같은 커플과 다른 커플

배우자를 선택하는 시기는 거짓자기 힘이 강한 시기다. 거짓자기가 나와서 상대방에게 맞추느라 참자기가 사라지기 일쑤다. 배우자를 선택할 때 하늘에서 별도 달도 따줄 것처럼 구는 것은 거짓자기가 득세했기 때문이다.

K씨 부부

K는 어릴 때 너무 외로웠다. 부모를 일찍 여읜 K는 따뜻한 정이 그리웠고, 아이들이 조잘대는 가정을 만드는 게 꿈이었다. 결혼 전에 아내는 고독이 가득 찬 남편의 눈빛에 반했다. 말없이 외로워하는 모습을 보면 모성애가 자극되어 보듬어주고 싶었다. 하지만 결혼 이후 사정이 달라졌다. 남편은 불편한 일이 생길 때마다 집을 나갔다. 남편은 사람과 부대끼는 게 익숙하지 않았고 불편할수록 혼자 있고 싶었다. 어릴 때 그렇게 싫었던 외로움을 결혼 후에는 스스로 자처했다. 이제 아내에게 남편의 외로운 모습은 '밥맛 떨어지는' 모습이 되었고, 말 없는 남편은 속 터지는 남편이 되었다. 매력이었던 면이 더는 매력적이지 않았고 실망감과 함께 속았다는 느낌이 들었다.

상처가 많은 사람은 원가족에서 했던 것과 정반대의 삶을 살길 바라고 또 열심히 노력한다. 원가족과 같아지지 않으려는 결심은 특히 정서적 단절을 한 경우 더 강하다. 새로운 가족을 만들고 꾸려나가면서 원가족에 있을 때보다 훨씬 잘 기능한다고 굳게 믿고 싶을지도 모른다. 원가족을 대신할 친구나 그룹을 만들어 대리가족으로 삼고 훨씬 많은 정성과 노력을 들이기도 한다.

그러나 이런 시도는 성공하기 어렵다. 왜냐면 원가족의 문제를 해결하지 않고는 새로운 기능을 수행할 수 없기 때문이다(Kerr & Bowen, 1988). 과거와 완벽하게 단절하면 할수록 과거와 현재는 더욱 완벽한 데 칼코마니를 이룬다. 이것은 마치 '공으로 벽치기'하는 것과 같은 모습이다. 원가족과 아무리 반대로 해도 그것은 공으로 벽을 치면 공이 벽을 맞고 튕겨 나오는 것처럼, 원가족에 대한 반발에 지나지 않는다. 중요한 것은 내용이 아니라 그 안에 담긴 불안이다.

분화수준이 높은 천생연분은 환상의 상호보완을 자랑한다. 서로의 다른 점 때문에 싸울 일은 적다. 누가 주도하고 누가 복종하는가는 중요하지 않다. 그 역할은 고정된 것이 아니라 상황에 따라 그리고 필요에 따라 그때그때 바뀔 수 있다. 설령 한 배우자가 주도적이고 지배적이라고 하더라도 그 역할을 독단적으로 하지 않는다. 부부는 서로의 감정이 중요하다는 것을 알고 있어서 서로의 동의하에 의견을 조정한다. 이런 관계로 인해 각 배우자의 기능은 더욱 향상된다(Kerr & Bowen, 1988).

2. 부부가 불안을 해결하는 방법-과대기능과 과소기능

부부관계가 불편해지면 갈등을 피하려고 한쪽이 양보하면서 타협을 한다. "좋은 게 좋다"며 어느 한쪽이 문제가 없는 것처럼 참는다. 그러나 '한쪽만의 일방적인 적응'을 하는 관계는 결국 일을 내고야 만다. 부부관계에서 주도적-종속적, 과대기능-과소기능이 얼마나 조화롭게 이루어지는가는 매우 중요하다. 조화가 깨지면 불안해지고, 불안해지면 역할 패턴은 고정되어 역기능으로 발전하기 쉽기 때문이다(Kerr & Bowen, 1988).

H씨 아들과 며느리

H에게 아들 M은 어느 것 하나 제대로 하지 못하는 못 미더운 아들이다. 딸과 비교해 공부도 못하고 대학도 못가고 결혼도 못했다. H 눈에는 부모없이 아들은 무엇을 제대로 할 수 없는 사람이었다. 부모가 조금이라도 눈길을 다른 곳에 두거나 방심하면 아들은 일을 저지르곤 했다. 그래서 H는 늘 긴장의 끈을 놓지 않고 아들을 늘 점검하며 감시했다. 가끔 아들의 가방이나 서랍을 뒤져 소지품을 살피기도 했다. 아들이 딴짓을 할까 봐 방문을 늘 열어두라고 했다. 아들이 방문을 닫거나 잠그는 꼴을 H는 볼 수가 없어 호통을 치곤 했다. 아들이 하는 일을 보면 불안해서 곧 사고가 터질 것만 같았다.

아들 M은 감시카메라가 자신을 24시간 지켜보고 있는 것 같아 숨이 막혔다. M은 부모가 늘 자기 뒤를 캐는 것 같았다. M의 지상 최대 목표는 부모가 걱정하지 않게 하는 것, 부모에게 야단맞지 않는 것이었다. 부모에게 짐이 되는 것 같아 죄스럽고 늘 주눅이 들어 부모의 눈치를 살폈다. 부모에게 들켜 날벼락이 떨어질 것 같은 불안이 올라오곤 했다. 그러니 아무것도 하기가 싫었다. 자꾸 잠만 쏟아지고 무기력했다. M은 '제발 그만하라'고 외치고 싶었지만 그럴 용기가 없었다. 솔직한 말 한마디를 하려면 각오를 해야 하고 큰마음을 먹어야 했다. 자신이 말 한마디 할 때 어머니는 상처를 받지 말아야 하고, 아버지는 어머니가 흔들리는 모습에 휩쓸리지 말아야 하며, 여동생에게 불똥이 튀지 말아야 한다. 이 조건이 다 충족되어야 자신이 솔직한 말을 할 수가 있었다. 그러나 그런 조건은 절대 충족될 수 없는 것들이었다. M이 무슨 말을 하든 가족들이 불안해지지 않아야 한다는 것인데 불안이 높은 부모에게는 어불성설이었다.

마흔이 넘도록 늦게까지 결혼하지 못하는 아들을 보다 못해 H는 결혼 중개업체를 통해 베트남 아내를 구해주기로 했다. 아들 M의 선택이 미덥지 못한 H는 베트남까지 따라가 M을 제쳐두고 본인이 마음에 드는 여성을 며느리로 골랐다. H는 아들보다 자신의 선택이 더 옳다는 확신이 있었다. M은 자기 선택을 무시하는 부모가 너무 싫고 화가 났지만, 부모의 선택이 옳은 것 같았다.

베트남 며느리 R은 1남 6녀 중 야무지고 똑 부러지는 셋째 딸이다. 집안을 먹여 살리려 한국행을 택했다. 결혼하며 시집에서 받은 수백만 원을 친정에 주고, 매달 친정 식구들의 생활비를 송금했다. R은 '심청이'였다. 결혼 후에도 아들은 별로 달라지지 않았다. 게으르고 무책임했는데, 술을 많이 마신 다음 날은 결근을 밥 먹듯이 했다. 직장을 그만두다 놀다 다시 직장에 나가기를 반복했다. 아들 M은 미숙한 한국어와 낯선 문화로 고생하는 아내 R을 무시했고, 큰소리치며 명령하듯 R을 가르쳤다. 마치 부모에게 받아온 서러움을 자신의 아내에게 갚는 듯했다. 그것도 잠시, 한국 생활에 적응한 R은 알뜰하게 돈을 벌었고 살림도 야무지게 해내면서 부부의 처지는 역전되었다. 아내 R은 아이에게 하듯 남편 M을 야단치고 관리했다. 베트남은 모계사회로 집안에서 어머니와 아내의 발언권이 훨씬 세다. 베트남 여걸 호랑이 모습이 나오기까지 걸리는 시간은 그리 길지 않았다.

H는 집안을 꾸려가는 며느리 R이 기특했다. 며느리가 열심일수록 아들 M은 더 무기력해졌고 술에 절어 살게 되었다. 아들은 어머니보다 더 무서운 아내를 만났다. 자신이 못나 보였고 실패한 인생인 것 같아 위축되었다. M은 그때마다 아내 R의 감시와 잔소리가 없는 자신만의 안전한 성(城)으로 숨어들었다. 술이라는 성으로 숨었고, 때론 열등감과 자괴감이라는 자신만의 성으로 들어갔다. 아내 R은 친정에서도 시집에서도 집안을 구한 고마운 존재였다. 하지만 R이 열심일수록 베트남 친정에는 오빠가, 한국에는 남편이 무위도식하게 된다.

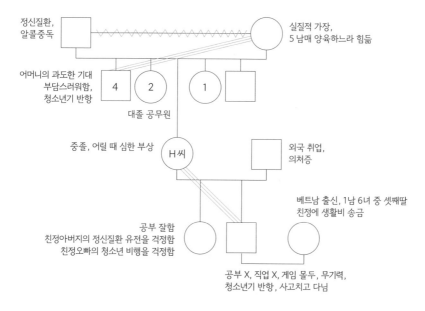

<표 6-1> H씨 가계도

K씨 둘째 딸 부부

K씨 둘째 딸은 야무진 성격에 남들이 부러워하는 직장에 다니고 있다. 늘 칭찬받는 언니가 부러운 둘째는 질투도 많고 언니를 이기고 싶은 욕심에 매사 열심이다. 반면 남편(K의 사위)은 느긋한 성격이다. 결혼 전에는 여유 있는 남편의 모습이 참 좋았지만 결혼 후 남편의 성격은 물렁하고 허술하기 짝이 없다.

그러던 중 남편의 직장에 문제가 생겼고 남편은 언제 직장에서 잘릴지 몰라 불안에 떨고 있었다. 그런 남편을 보다 못한 아내는 남편에게 공무원 시험을 권했다. 자신이 직장생활을 하며 경제를 책임질 테니 걱정하지 말고 공부에 전념하라며 든든한 모습을 보였다. 아내는 자신의 희생으로 집안이 잘될 수 있고, 자신은 그 역할을 충분히 잘 할 수 있다고 착각했다. 아내의 수고로움에 남편은 미안하면서도 눈치가 보였다. 얼른 시험에 합격하여 떳떳한 가장이 되고 싶었지만, 시험은 마음대로 되지 않았다. 1년에 네 번 있는 시험을 치르면서 낙방할 때마다 포기하고 싶은 마음이 들었다. 좌절감과 실패감, 절망감에 술을 마시며 한탄도 하고 싶었지만, 아내가 힘들어할까 봐 그저 꾹꾹 참을 수밖에 없었다. 미안한 마음에 어린이집에서 아기도 데려오고 이런저런 집안일을 하려니 공부에 전념하기도 쉽지 않았다.

남편이 낙방을 거듭되고 시간이 길어질수록 아내도 지쳐갔다. "내가 가정을 책임질게"라고 큰소리쳤지만, 아내가 감당할 수 있는 정도는 거기까지였다. 아내는 남편이 더 열심히 노력하는 모습을 보여주길, 그래서 희망으로 잘 버틸 수 있길 바랐다. 그런데 어느 순간부터 남편이 늦게 일어나거나, 남편이 공부하지 않고 딴짓을 하는 등 남편의 거슬리는 행동들만 눈에 들어오기 시작했다. 자신이 불안하다 싶으면 영락없이 남편은 불안한 행동을 하고 있었다. 남편은 아내가 피곤해서 지쳤는지, 짜증이 났는지 아내의 기분을 살피는 데 급급했다. 아내가 없는 시간이나 아내가 잠자는 시간에만 공부에 집중할 수 있었다. 자신을 압박하며 눈치 주고 못마땅해하는 아내를 감당하는 것이 공부보다 더 어렵고 힘들었다.

관계는 소원해지고 급기야 아내는 암에 걸렸다. 아프다는 이유로 아내는 돈을 벌지 않아도 되었다. 남편은 아내 눈치를 보는 일이 줄고 아픈 아내를 적극적으로 돌보면서 공부도 열심히 했다. '수퍼맨'이 된 남편은 공무원 시험에 합격했다. 그토록 바라던 바람이 이루어졌지만, 부부관계는 이미 어그러져 있었다.

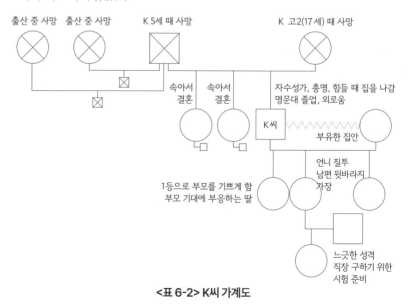

<표 6-2> K씨 가계도

부부가 불안을 처리하는 방법 중 하나는 앞의 두 예처럼 과대기능과 과소기능으로 자기를 거래하는 것이다. 갈등은 부부관계, 부모-자녀 관계, 시집 관계 등 여러 주제로 나타난다. 이때 갈등을 일으키는 영역의 주제는 중요하지 않다. 그보다 중요한 것은 관계에서 일어나는 근심과 불안이다. 이때 관건은 '불안이 올라올 때 어떻게 다루느냐'다.

정서적 거리를 두어도 불안이 해소되지 않을 때 역기능이 일어나기 쉽다. 갈등을 피하기 위해 그리고 행복한 관계를 위해 자신의 욕구를 무시한 채 상대방의 감정과 생각을 따르는 사람이, 관계에서 지속적으로 상처를 받았다고 느끼는 사람이 역기능을 일으키기 쉽다. 보통 과대기능자가 역기능을 보인다(Kerr & Bowen, 1988). 정서적 거리를 두는 것으로도 해결이 안 되는, 감당할 수 없는 불안이 올라오면 가족은 감정적으로 반응하게 된다.

예를 들어보자. 아내는 남편이 뭔가를 숨기는 건 없는지, 무기력해서 늘어져 있는 건 아닌지 신경을 곤두세웠고, 남편은 아내의 기분이 편안한지 눈치를 살폈다. 부부가 한 쌍이 되어 불안을 주고받는 환상의 케미를 보여준다. 남편은 아내가 자신을 못마땅해하면 어떻게 할지 걱정했고, 아내는 남편이 술을 마시며 혼자만의 세상에 빠지지는 않을지, 언제까지 의존적이고 무기력할지를 걱정했다. 남편은 아내가 자신을 응원하고 지지하는지에 초점을 두었고, 아내는 남편이 위축되고 낙심하는지에 초점을 두었다. 둘 다 불안을 일으킬만한 것에 사로잡혀 있다. 서로는 상대의 기분에 예민해지고 상대의 눈빛 하나, 말투 하나에 영향을 받는다. 두 사람 관계는 마치 아슬아슬한 줄타기 같아 불안으로 숨이 막힐 것 같다. 역기능적인 배우자를 떠나지 못하고 고통을 계속 떠안고 사는 배우자 역시 역기능적이다.

더는 불안을 감당할 수 없을 때 증상이 나타난다. 예를 보자. 남편의 알코올 중독으로, 아내의 암이라는 질병으로 나타났다. 부부는 관계의 문제는 일단 접어두고 먼저 증상을 해결하는 것이 급선무가 되었다. K씨 딸 부부의 경우 아내의 암 치료를 위해 남편은 간병과 가사일 그리고 자신의 시험 준비를 병행하는 과대기능자가 되었다. 과대기능으로 남편의 몸은 피곤하였지만, 마음은 오히려 편했다. 더 이상 관계에서 불안으로 숨 막히는 일이 없어졌기 때문이다. 커와 보웬(1988)은 남편이 따뜻하게 아내를 보살피고 관계에서 친밀감이 생긴 것은 아내의 암^{아내의 역기능} 때문이라고 보았다.

분화가 낮은 부부일수록 만성적인 증상이 많다. 왜냐면 분화가 낮을수록 부부는 역기능이 발생하게 된 과정에 초점을 두기보다는 드러난 증상을 해결하려고 노력하기 때문이다(Kerr & Bowen, 1988). 상담자 중에서도 내담자가 호소하는 문제나 증상을 해결하려는 사람이 있다. 근원적인 원인을 다루지 않는 상담은 실패하기 쉽다. 증상에 초점을 두면 증상을 해결하느라 원래 문제였던 관계 이슈는 뒤로 숨어 버린다. 그래서 문제가 해결된 것처럼 보이지만, 잠시 찾아온 평화는 그저 신기루일 뿐이다. 이런 식으로 증상을 오래 장기적으로 방치하면 어떻게 되는가? 커와 보웬(1988)은 역기능은 만성적이 되고, 불안은 누적된다고 하였다. 민감한 문제들이 누적되면서 관계는 언제 터질지 모르는 화약고가 된다. 이미 쌓여 있는 스트레스와 불안 위에 또 다른 스트레스 사건이 더해지면 부부의 불안은 감당하기 어렵다.

3

역기능 1. 아픈 배우자

보웬이 말하는 아프다의 의미에는 감정적 역기능 ^{정신질환}, 신체적 역기능 ^{질병}, 사회적 역기능 ^{사회적 일탈행위}이 모두 포함된다. 질환은 아주 가벼운 병부터 심각한 것까지 일련의 연속선 상 위, 그 어디 즈음으로 표시될 수 있다. 감기와 말기 암은 질적으로 다른 것이 아니라 그저 정도의 차이일 뿐이다. 어느 분화수준이든 질환은 발병할 수 있다고 보웬은 보았다. 하지만 분화수준이 낮고 불안이 높을수록 질환은 만성적이고 고질적인 경향이 있다. 병증이 불안정하고 심각한 합병증을 유발할 수 있으며, 심각한 경우 사망으로 이어질 수도 있다. 이런 역기능은 다시 가족에게 불안을 일으키는 요인이 된다(Bowen, 1971).

과대기능자와 과소기능자가 '아픈 것'에 대해 어떻게 감정을 주고받는지 커와 보웬(1988)은 다음과 같이 설명했다. 과대기능자는 배우자를 '아픈^{잘못된} 사람'이라고 생각하며 배우자를 보살핀다. 과대기능자는 배우자가 나을 수 있는 방법을 다 알고 있으며 그것이 정답이라고 굳게 믿는다. 아픈 배우자를 자신의 불안으로 바라보기 때문에 아픈 배우자가 뭐라 하든 그 말을 듣지 않는다. 이런 과대기능자의 태도는 상당히 독단적이다.

과소기능자에게 과대기능자는 모든 것을 다 해주는 전지전능한 신이다. 과소기능자는 배우자 없이 혼자 할 수 있는 것이 별로 없는 것 같다. 그런 자신이 무력하고 열등해 보인다. 그러면서 과소기능자는 더 의존적이 된다. 과소기능자는 과대기능자 배우자에게 미안하다. 분화수준이 낮을수록 깊은 죄책감에 자기 자신이 더 나쁘게 느껴지고 자기 비난이 거세다. 과소기능자는 과대기능자와의 원만한 관계를 위해 강박적으로 노력한다. 자신의 욕구를 이기적이고 상대에게 피해를 주는 나쁜 것이라고 여겨 바로 억압한다. 이렇게 자신의 욕구를 존중하지 않고 무시하면 할수록 과소기능자의 기능은 더 형편없어진다. 자신감을 잃은 과소기능자는 과대기능자에게 더 의존하게 되고, 그러면 과대기능자는 더 많이 개입하고 간섭한다. 이것은 다시 과소기능자를 불안하게 만들면서 악순환의 패턴이 굳어진다. 이때 문제 자체보다 '문제에 대한 민감한 반응' 즉, 불안이 더 문제다. 가족이 문제를 너무 예민하게 대하는 것도 불안하고, 반대로 무심하게 관심 없이 구는 것도 불안하다.

이혼이나 죽음으로 한쪽 배우자가 떠나면 부부의 기능 거래도 끝이

난다. 이때 서로가 얼마나 과대기능-과소기능에 매여 있었는지 남은 배우자의 기능 변화를 보면 알 수 있다. 남은 배우자의 기능은 급격히 좋아지거나 급격히 나빠지는데, 기능이 좋아지는 경우 병이 극적으로 낫기도 한다. 재혼하는 경우 이전 결혼 생활과는 사뭇 다르게 새 배우자와 잘 지내기도 한다. 거꾸로 기능이 나빠지는 경우, 알코올 중독이나 질병으로 급격하게 무너지기도 한다. 그것은 결혼 생활 동안 자신을 잃어버려 배우자 없이는 기능할 수 없을 정도가 되었기 때문이다(Kerr & Bowen, 1988).

1. 감정적 역기능(정신질환)

보웬은 가족 안에서 발생한 불안으로 인해 정신질환에 관련된 신경전달물질이 더 활성화되고 증상을 악화시킬 수 있다고 주장하였다. 조현병과 같은 심각한 문제들은 어느 날 갑자기 어떤 것이 잘못되어 발병된 것이 아니다. 오히려 결과라고 보웬은 보았다. 조상 대대로 이어져 온 감정체계에 불안이 누적되어 감당할 수 없는 지경이 되면 심각한 역기능이 발생한다. 그것은 아주 오랫동안 여러 세대에 걸쳐 점진적으로 만들어져 온 '과정의 결과물'이다.

이런 보웬의 주장을 뒷받침해주는 연구가 있다. 심리학과 생물학 간에는 복잡한 상호작용이 있다는 연구다. 예를 들어 산비둘기는 구애, 둥지 만들기, 교미, 새끼 낳고 기르기 같은 종 특유의 행동을 한다. 이런 본능적인 행동에는 생리학적 변화가 함께 일어난다. 각 행동에 따라 생리작용이 바뀌는데, 그 행동에 맞는 호르몬을 활성화하는 것이다. 인간 역시 마찬가지다. 환경의 어떤 자극은 예를 들어 가족 안의 불안은 생체의 내분비선에 변화를 일으켜 호르몬이나 신경전달물질이 바뀌게 만든다 (Lehrman, 1964). 지금까지 호르몬으로 인해 행동이 변하는지 아니면 환경에 따라 호르몬이 달라지는지에 대한 논란이 이어져 왔다. 결국, 이 둘은 서로 영향을 미치며 깊은 관련이 있다고 결론이 났다.

최근 립톤(2006)의 연구도 보웬의 주장을 지지한다. 립톤은 어머니의 생각과 감정이 아기의 DNA에 영향을 미친다는 것을 증명했다. 환경에서 오는 신호[자극]가 세포막을 뚫고 들어가 세포의 생리활동에 영향을 주고 이것은 다시 유전자에 영향을 준다. 정상 유전자를 물려받아도 어머니의 감정에 따른 화학적 반응이 아기의 유전자를 비정상 유전자로 바꿀 수 있다는 것이다. 임신 기간 중 어머니의 감정은 자녀의 유전자 발현을 생화학적으로 바꿀 수 있다. 혈액을 통해 어머니의 감정이 만들어 낸 호르몬과 신호는 태반을 통과하여 태아에게 영향을 미치고 어머니의 감정은 태아에게 각인된다. 태어나기도 전에 우리는 이미 환경에 적응할 방식이 사전 프로그래밍 되어 있는 것이다. 우리는 어떤 신호는 어떤 의미이고 어떤 감정으로 반응해야 하는지 어머니를 통해 배운 뒤 태어났다.

어머니의 감정이 자신의 몸에는 어떤 영향을 미치고 아기에게 어떤 영향을 미치는지 잘 보여주는 예가 있다. 상상임신과 반대인 임신거부증이 있다. 임신거부증은 임신 사실을 어머니가 심리적으로 받아들이지 못하는 증상이다. 어머니는 임신하지 않았다고 믿기 때문에 임산부의 신체 변화 또한 일반적인 임산부와 다르다. 매달 월경처럼 출혈이 있다. 또 임신한 배의 모양이 다르게 생겼다. 전형적인 임산부의 배는 바가지를 엎은 듯이 동그랗고 빵빵하게 앞으로 튀어나오지만, 임신거부증 임산부의 배는 자궁이 아래 위로 길쭉하게 늘어져있다. 겉으로 봐서는 임신한 사실을 알기 어려울 정도로 배가 부르지 않다. 이것은 배 속의 태아는 어머니가 자신을 거부하는 줄 이미 알고 있기 때문이다. 그래서 자신을 거부하는 어머니가 모르게 숨죽여 어머니 배 속에 숨어 있는 것이다.

2. 신체적 역기능

분화수준이 낮을수록 고질적인 만성질환이나 영구적인 불구, 요절로 이어질 수 있다. 관계에서 문제가 일어나면 병이 난다는 가설을 가장 잘 보여주는 질환이 당뇨병이다(Kerr & Bowen, 1988). 다른 질병과 마찬가지로 당뇨병의 원인은 매우 다양하다. 하지만 당뇨병이 발병하기 가장 적합한 조건을 가족기능이 마련해준다면 이야기는 달라진다. 불안을 감당할 수 없을 정도로 가족기능이 최악인 상태에서, 결정적인 요인이 방아쇠를 당기면 질환으로 이어지기 십상이다.

병이 나는 이유를 설명하는 모델은 크게

1) 의료적 Medical 모델 2) 심리적 모델 3) 대인관계 모델로 나눌 수 있다.

첫 번째, 의료적 모델은 인과론적 관점으로, 신체적 질병을 원인과 결과로 설명한다. 이 모델은 예외가 너무 많다는 단점이 있다. 바이러스에 감염되어도 질병에 걸리지 않는 경우도 많고, 원인을 알 수 없는 만성질환도 상당히 많다.

두 번째, 심리적 모델은 마음과 신체가 연결되어 있다고 보는 관점이다. 동양에서는 이 사실을 이미 몇천 년 전부터 알고 있었다. 현대 서양의학은 이 관계를 과학적으로 밝혀 왔는데, 소위 '신경성' 질환이라고 불리는 병은 내분비계 ^{면역체계} 와 자율신경계의 상호작용이라고 알려졌다. 대표적인 연구가 르쉔 ^{LeShan} (1982)의 암환자 연구다. 르쉔은 의학적 치료가 전혀 듣지 않아 치료가 소용없는 암환자들을 대상으로 생물학적·심리적·영적 치료라는 대체 의학적 접근을 했다. 이 연구에서 르쉔은 암환자란 '삶을 잃어버린 사람'이라는 것을 발견했다. '자신만의 인생을 노래할 수 있다'는 희망을 잃고 절망한 사람이 암에 걸린다는 것이다(LeShan, 1982).

세 번째, 대인관계로 질병의 원인을 설명하는 것이다. 가족체계이론에서는 개인적 차원 ^{intrapsychic} 과 대인관계 ^{interpersonal} 차원의 균형이 깨지면 병이 생긴다고 본다. 관계는 불안을 일으키는 중요한 요인인데, 불안을 흡수한 사람이 병이 난다는 것이다. 커와 보웬(1988)은 특히 조화로운 관계를 위해 순응하는 사람과 과대기능자가 병에 걸리기 쉽다고 보았다. 관계가 원만하길 바라는 사람은 상대방의 이기적인 요구, 상대에게 맞춰야 하는 압박을 피하기 어렵다. 그 결과 상대의 불안을 자신이 흡수해 버려서 병이 난다. 과대기능자는 잘해야 한다는 불안이 높아 몸을 혹사시킬 정도로 일을 많이 해서 병이 난다.

과대기능자는 불안해서 다른 사람에게 일을 맡기지 못한다. 자신이 직접 해야 마음이 놓이고 손수 챙겨야 한다. 과대기능자는 다른 사람에게 부탁하는 것도 힘들다. 그것을 민폐끼치는 것이라고 여긴다. 어머니 팔이 아플까봐 팔베게도 하지 못한다. 자신이 맡은 일을 완벽하게, 성공적으로, 칭찬받을 수 있게, 최고가 되게끔 수행해야 한다는 강박관념이 있다. 과대기능자는 과정보다는 결과가, 자신의 마음보다 타인이 평가가 중요하다. 즐겁고 재밌으려고 일을 한다기보다 사명감과 의무감으로 매진하기 때문에 늘 긴장하고 여유가 없다. 그래서 과대기능자는 불안해지기 쉽다. 불안이 올라가면 몸의 여기저기가 고장 나기 시작하지만, 과대기능자는 자신의 몸을 돌볼 겨를이 없다. 그러다 과대기능자의 몸이 참지 못하고 폭발하는 지점이 있다. 몸을 쓰러뜨리는 결정적인 한 방은 "그것밖에 못 하냐. 더 잘해라. 실망했다"라는 지적이다.

결국, 상대에게 맞추려고 관계에서 자기를 주거나 과도하게 기능하여 자기를 잃어버리게 되면 병에 걸린다(Kerr & Bowen, 1988).

3. 사회적 역기능

사회적 역기능은 도박, 절도, 무책임한 경제활동같이 사회적인 물의를 빚는 행동이다. 낮은 분화수준일수록 위법행위나 범죄와 관련이 깊다. 분화수준이 낮은 범죄자들은 세상에 있을 때보다 형무소에 있을 때 더 편안함을 느끼는 듯하다(Kerr & Bowen, 1988).

가계도를 그려서 부부의 기능을 살펴볼 때 배우자가 가지는 과소기능과 자신의 부계와 모계 양쪽의 흐름을 함께 보면 매우 도움이 된다. 아버지와 어머니 세대 그리고 조부모 세대에서 일어나는 모든 역기능을 자신이 아니라 배우자가 가지고 있을 수 있다. 아버지는 도박 중독이 있었고 삼촌은 알코올 중독이었다. 부계 쪽 할아버지는 무능했고 모계 쪽 할아버지 역시 알코올로 고생하다 일찍 사망했다. 남편은 무능했고 현실감이 없었으며 알코올 중독자였다. 남편의 과소기능은 아내의 상태를 정확하게 반영해준다.

4

역기능 2. 자녀의 장애

자녀의 신체적, 정서적, 사회적 역기능도 역시 기본 분화수준과 만성불안이라는 두 변인에 영향을 받는다. 부모의 미분화는 삼각관계를 통해 자녀에게 손상을 입힌다. 이런 과정을 가족투사과정이라고 하는데 이것은 다음 장에서 더 상세히 다룰 것이다. 여기서는 핵가족 정서체계의 과정에서 자녀가 보이는 역기능에 초점을 둔다. 자녀의 역기능 역시 신체적·정서적·사회적 역기능으로 나타난다.

부모의 불안에 가장 예민하게 반응하는 자녀가 가족 안에서 희생양이 된다. 부모는 이 자녀에게 비난을 쏟아붓고 자녀는 불안을 죄다 흡수한다. 가족의 불안을 떠맡은 자녀는 결국 자녀 가운데 가장 형편없는 자아분화를 이룬다. 그래서 가족의 불안이 높아지면 역기능을 일으킨다. 분화수준이 가장 낮은 자녀가 기능을 잘하려면 가족의 정서적 지지가 늘 있어야 한다. 그렇지 않고 불안이 높아지거나 관계가 불편해지면 자녀는 증상을 보인다(Kerr & Bowen, 1988).

핵가족의 만성적인 불안은 자녀의 신체 증상으로 나타날 수 있다. 불안한 자녀가 보이는 신체적 증상으로 대표적인 것이 발열, 천식, 구토나 설사같은 위장장애를 들 수 있다.

대개 부모가 많은 신경을 써야 하는 자녀가 분화수준이 가장 낮다. 부모는 자녀 뒤치다꺼리를 하느라 마음 고생이 이만저만이 아니다. 그뿐만 아니라 부모는 경제적으로도 신체적으로도 지쳐 녹초가 되어 있다. 보웬은 부모의 관심 뒷전으로 밀려나 있는 자녀, 그래서 자기 삶을 자율적이고 자기 뜻대로 사는 자녀가 건강하다고 주장했다. 부모 입장에서는 신경을 쓰지 못해서 미안할 수 있지만, 자녀의 분화 수준에서 보면 훨씬 바람직하다.

자녀의 분화수준은 학교 장면에서도 잘 볼 수 있다(Kerr & Bowen, 1988). 부모와 분화를 이루지 못한 자녀는 학교에서 또래나 교사와의 관계로 어려움을 겪는다. 부모와의 관계 방식이 다른 관계에서도 반복되기 때문이다. 관계에서 불안이 적을 때는 학업 성적이 좋고, 관계가 힘들고 불안이 높을 때는 성적이 나쁘다. 커와 보웬(1988)은 자녀가 어떤 교사와 친구를 만나느냐에 따라 자녀의 학교생활과 성적이 들쭉날쭉하다고 했다.

분화가 낮은 자녀라도 가족기능이 안정적이라면 자녀는 별문제 없이 자랄 수 있다. 하지만 청소년기 경우는 이야기가 달라진다. 청소년기는 '자신이 누구인가'라는 정체성과 독립이라는 과제가 본격적으로 시작되는 시기라서 역기능이 심각해질 수 있다고 보웬은 보았다.

A는 중학생 때 아버지가 사망하고, 고등학생 때 어머니가 사망했다. A에게 청소년기는 세상이 암흑기인 시절이었다. A에겐 오빠와 남동생이 기댈 수 있는 가족이었다. 하지만 오빠와 동생은 의지는커녕 번갈아 가며 사고를 일으켜 A의 마음이 편할 날이 없었다. A의 남편 역시 세 살에 어머니를 여의고 중학생 때 아버지를 여의었다. 그리고 두 형님 밑에서 자랐다. 아버지를 생각하면 어머니를 잃은 슬픔과 막막함에 병이 들어 늘 누워있는 모습뿐이었다. A는 판에 박아놓은 것 같이 자신과 똑같은 남편을 만나게 되었다. A의 남편은 자기 인생의 대부분을 어떻게 하면 살아남을까에 힘을 쏟았다. 그래서 열심히 공부하고 열심히 돈을 벌었다. 자기 부모님처럼 자식을 두고 일찍 죽지 않으려고 열심히 운동하며 건강을 관리했다. 이렇게 자기 인생 과제에 빠져 있다 보니 관계가 소홀해졌다. 반면 A는 부모 없이 자란 형제들을 돌보는 데 열중했다. 자신의 불쌍한 모습을 온통 형제들에게 투사하고 있었다. 친정 일이라면 만사를 제쳐두고 열심히 돌보았다. 문제는 A의 자녀가 청소년기가 되었을 때다. A 부부는 자녀가 중학생이 되자 부모처럼 일찍 죽을까 봐 두려웠다. 그리고 자녀에게 가정이란 어떤 의미이고 부모가 살아있다는 것은 어떤 의미인지 강조하고 또 강조했다. A의 딸은 그러는 부모가 도저히 이해가 되지 않았다. 남들도 다 있는 부모와 집인데 그것이 뭐가 그리 특별하다고 유난을 떠는지 알

수가 없었다. 하지만 A 부부에게는 너무나 간절하고 중요한 일이었다. 급기야 A의 딸은 집이 숨이 막히는 것 같아 길고 긴 방황에 들어가 버렸다. 가출을 밥 먹듯이 하고 이해할 수 없는 행동을 하기 시작했다.

부모는 자녀를 통해 자신의 인생을 재경험한다. 자녀의 나이에 따라 자신의 인생을 한 번 더 사는 경험을 하는데, 이때 부모의 미해결된 과제가 올라올 수 있다. 과거 8살에 부모의 사망을 경험한 부모는 자녀가 8살이 되면 자기도 부모처럼 자녀를 두고 죽을지도 모른다는 불안이 올라온다. 청소년기에 후회나 죄책감을 심하게 겪은 부모는 자녀가 청소년기가 되면 불안해진다. 이렇게 부모의 원가족 분리 작업이 제대로 이루어지지 않았을 때, 부모는 어릴 적 자신의 모습을 자녀에게 투사하기 쉽다. 지금 청소년 자녀가 보이는 불안과 문제는 과거 부모의 청소년기 시절이 어땠는지를 그대로 보여주는 것이다. 부모가 청소년기에 겪은 불안을 제대로 처리하지 않았다면, 그 불안은 자녀의 청소년기에 다시 등장하여 자녀를 통해 재현될 수 있다.

부모의 분화수준은 자녀의 분화수준을 결정한다. 부모의 분화수준은 자녀가 가족을 떠날 때 어떻게 분리하는지를 보면 알 수 있다(Kerr & Bowen, 1988).

자녀의 분화수준에 가장 큰 영향을 주는 사람은 어머니다. 이것은 포유동물의 진화와 관련이 깊다. 아버지는 어머니-아들 삼각관계와 모자 융합을 부추기는 중요한 인물이다(Kerr & Bowen, 1988). 부부가 친밀한 관계를 맺는 데 실패하는 것부터 문제는 시작된다. 어머니와 자녀가 융합되면서 자녀는 어머니의 심리적 배우자가 된다. 남편은 아내의 심리적 요구가 매우 부담스럽고 피하고 싶다. 아들이 자기 대신 아내의 배우자 노릇 하는 것을 아버지는 마다하지 않는데, 이런 점 때문에 모자 융합이 촉진된다고 커와 보웬(1988)은 보았다. 아버지는 자녀가 망가지는 줄도 모르고 모자관계 융합에 기름을 붓는다.

부부체계가 친밀하고 돈독해야 하는 이유는 세상에서 가장 힘든 일, 즉 자녀를 키우는 부모 역할을 잘하기 위해서다. 부부관계에 허점이 생기면 당연히 부모 역할에도 문제가 생긴다. 자녀와 관계를 맺고 자녀를 훈육하는 것이 미숙한 아버지는 모자 융합을 촉진한다. 예를 들어 자녀의 문제를 어머니에게 다 떠넘긴다든지 그러면 어머니와 자녀는 융합될 것이다, 자녀를 무섭게 꾸짖거나 야단치면서 자녀와의 관계가 소원해진다든지 그러면 어머니와 자녀는 융합될 것이다, 아버지가 원하는 대로 자녀가 하도록 어머니를 압박한다든지 하면 어머니와 자녀는 융합될 것이다.

가족의 불안과 자아분화 수준은 다음 세대로 이어지고 전수된다.

이 장에서는 자녀가 역기능을 갖게 되는 과정을 살펴보고자 한다.

7장

가족투사과정과 세대전수

자녀에게 불안을 물려주다, 가족투사과정

1. 가족투사과정이란

가족투사과정이란 미분화된 부모가 삼각관계를 통해 자녀의 기능을 떨어뜨리면서, 부모의 미분화를 자녀에게 물려주는 과정을 말한다. 보웬은 이 과정을 다음과 같이 설명하였다. 부부관계에서 일어나는 불안을 부부는 이성적으로 다루지 못하고 감정적으로 처리한다. 자녀와 삼각관계를 맺어 공생관계를 형성하고, 그 자녀에게 부모의 문제를 투사하는 것이다. 미성숙한 부모일수록 자녀 중 가장 의존적이고 자아가 취약한 자녀를 투사 대상으로 고른다. 투사의 강도는 불안에 달려있는데, 불안이 높을수록 투사 역시 뚜렷하게 나타난다. 투사과정의 결과, 자녀는 손상을 입게 되는데 이때 손상은 가벼운 것부터 평생 앓는 심각한 것까지 다양하다. 이런 가족투사과정은 보편적이어서 모든 가족에서 일어난다고 보웬은 보았다.

보웬은 투사과정이 부모의 분화수준, 임신과 출산에서 어머니의 불안, 자녀의 결혼에 대한 부모의 태도와 관련 있다고 했다. 결혼할 때 남편 될 사람에게 모든 관심과 에너지를 집중하는 경우, 증상은 부부갈등이나 배우자의 질병으로 나타날 수 있다. 장차 태어날 자녀에 관심이 많은 경우, 자녀의 장애를 촉진하는 어머니가 될 수 있다고 보았다(송성자, 2004).

가족투사과정을 시작하는 사람은 부모다. 하지만 곧 자녀는 어머니의 불안과 관심을 끄는 행동을 하면서 가족투사과정에서 자신의 몫을 해낸다. 그러나 어머니 대부분은 자녀의 문제와 불안이 자신과 관계있다고 생각하지 않는다. 자녀가 예민하고 특별해서 자녀가 잘못되었다고 여긴다. 하지만 이런 어머니의 생각은 틀렸다. 불안이 낮을 때는 가족투사과정이 한 자녀에게 집중되지만, 불안이 높아지면 나머지 자녀들도 이 과정에 관여하게 된다(Papero, 1990).

다 똑같은 부모의 자녀인데도 불구하고 누구는 대통령직에 오르고 누구는 정신질환을 앓는다. 이렇게 자녀의 기능이 다른 이유는 무엇인가? 이것을 설명해주는 것이 바로 가족투사과정이다. 자녀의 분화수준이 다른 이유는 자녀마다 부모가 관여하는 감정과 강도가 다르기 때문이다. 부모의 불안을 유난히 집중적으로 받는 자녀가 있다. 더 걱정하거나 혹은 방임하거나, 지나치게 부정적으로 대하거나 특별 대접을 하면서 부모는 자녀에게 투사한다(Gilbert, 2004). 결국, 자녀의 분화수준은 부모의 지목에 걸려드는지 아니면 피할 수 있는지에 달려있다.

보웬은 이런 맥락으로 형제순위에 따라 성격이 달라지는 것을 설명할 수 있다고 했다. 자녀가 몇 번째로 태어났는가형제자매 위치에 따라 부모의 기대는 달라지는데, 이것이 분화수준을 결정한다. 그래서 기대수준이 높은 자녀 즉 맏이는 분화수준이 떨어질 가능성이 크다.

2. 부모의 상상은 현실이 된다

자녀에게 문제가 있다면 그것은 자녀가 걱정을 시킬만한 아이여서 그런가? 아니면 어머니가 아이를 걱정스럽게 보기 때문에 자녀가 문제를 일으킬까? 그에 대한 답은 다음을 보면 알 수 있다. 어머니가 불안해지면 다음과 같은 패턴이 일어나고, 그 결과 자녀의 기능이 손상된다.

1) 어머니는 자녀가 어떤 일을 과거에 실제로 했다고 생각하거나 아니면 미래에 자녀가 할 것이라고 상상한다(Kerr & Bowen, 1988). 어머니는 자녀의 말과 행동이 마음에 걸리고 신경이 너무 쓰인다. 그뿐만 아니라, 자녀가 하지도 않은 말과 행동을 어머니는 했다고 상상하며 불안하다. 한술 더 떠서 자녀가 그렇게 할지 말지 아무도 모르는 미래의 행동을 상상하며 불안하다. 어머니는 자녀가 무엇을 해도, 어떻게 해도 불안하다.

2) 어머니는 실제든 상상이든, 자녀의 말과 행동에 의미를 부여하고 그것이 매우 중요하다고 생각한다. 어머니의 이런 해석은 사고체계를 거치

지 않은 어머니의 감정반응이다. 어머니의 자녀에 대한 이미지는 자녀를 있는 그대로 본 것이 아니다. 어머니 마음대로 만든, 어머니의 불안과 감정 욕구가 만든 이미지이며 어머니의 것이다. 거기에는 자녀가 어떤 사람으로 자라야 한다는 바람과 자녀가 잘못될지도 모른다는 불안이 함께 들어있다(Kerr & Bowen, 1988).

3) 어머니가 만든 이미지가 마치 진짜인 것처럼 어머니는 자녀를 대한다(Kerr & Bowen, 1988).

4) 자녀는 어머니가 만든 자신의 이미지를 그대로 내면화한다. 어머니가 만든 이미지에 딱 맞게 자녀는 말하고 행동한다(Kerr & Bowen, 1988).

5) 자녀의 행동을 보면서 어머니는 '그러면 그렇지, 내 생각이 맞다'고 여기면서 안정을 찾는다. 이 과정은 무의식적이다(Kerr & Bowen, 1988).

어머니가 자녀에게 일부러 나쁘게 하려는 뜻이 있는 것은 아니다. 어머니는 불안을 현실화하는 강력한 마법을 가졌을 뿐이다(Kerr & Bowen, 1988).

융은 이런 어머니를 '우로보로스'라고 불렀다. 어머니는 생명을 낳고 기르기도 하지만 생명을 파멸로 이끄는 존재다. 가족투사과정을 보면,

어머니의 불안은 자녀의 생명력을 점점 파괴시키고 죽음으로 몰고 간다. 우로보로스는 자녀의 탄생과 죽음을 어머니가 쥐고 있다고 상징적으로 표현하는 것이다.

이것을 보고 브래드쇼(1988)는 가족은 최면에 걸려있는 집단이라고 말했다. 백일몽을 꾸고, 미래에 대한 환상에 빠지고, 옛 추억에 잠기고, 책이나 영화를 보는 행동들은 모두 최면 상태에 빠지게 만드는 것들이다. 어린 자녀들은 부모와 강하게 연합되어 있어 가족 최면^{family trance} 에 잘 빠진다. 어린 시절 배운 것들은 특히 강력한 암시 효과가 있다. "너는 언니보다 예쁘지 않아"라고 어머니가 말한 것은 자녀가 어머니와의 융합에서 벗어나기 전까지는 강력한 힘을 발휘한다. 가족 전체에 이 메시지는 퍼지고 가족들은 어머니의 최면에 걸려 그렇게 믿는다. 이것을 보웬은 '미분화된 자아덩어리'라고 했다.

가족투사과정에서 전수되는 내용은 가족마다 제각각이다. 같은 가족 안에서도 아내가 걱정하는 자녀가 있고 남편이 거슬리게 여기는 자녀가 있다. 그래서 같은 가족의 자녀들이라도 투사된 내용은 자녀마다 다를 수 있다. 부모는 자녀의 어떤 부분에만 꽂혀 집중적으로 불안을 투사할 뿐만 아니라 심지어는 과장까지 한다(Kerr & Bowen, 1988). 자녀가 어떤 성격을 가졌고, 어떤 행동을 하며, 어떤 부분은 잘 기능할 것이고, 어떤 부분은 기능이 떨어질 것이라고 여기면서 부모가 자녀를 대하면, 자녀는 부모의 상상을 현실로 보여준다. 정신분석에서는 이것을 투사적 동일시라고 부른다. 투사적 동일시는 멜라니 클라인이 제시한 개념인데, 투사와 내사라는 원시적 기제가 두 사람 사이에서 일어나는 것을 말한다.

결혼을 앞두고서 아내는 남편의 집안에 지적장애인이 있다는 사실을 알았다. 임신 전부터 자녀가 어느 정도 자랄 때까지 아내는 내내 불안했다. 아이의 눈동자가 어떤지, 말을 제대로 하는지, 걷는 자세는 어떤지 일일이 점검했다. 반대로 남편은 아내의 집안에 정신질환이 있다는 것을 뒤늦게 알았다. 남편은 자녀에게 질환이 유전되지 않았을까 늘 걱정했다.

이때 자녀에게 투사되는 것은 불안의 내용이 아니다. 어떤 내용이 투사되는 것이 중요한 게 아니라, 투사되는 불안의 강도가 중요하다. 어머니와 아버지 양쪽에서 불안을 투사 받은 자녀는 태어나기도 전부터 이미 불안덩어리가 되었다. 실제로 자녀는 예민하고 잘 아프고 숙면을 취하지 못했다. 조금이라도 불편하면 참지 못했고, 울고 화내면서 아기 시절을 보냈다. 설령 부모에게서 질환과 관련된 유전자를 받지 않았다고 해도 부모의 불안은 호르몬과 신경전달물질을 변화시켜 자녀를 불안덩어리로 만든다.

삼각관계를 통해 부모의 투사를 온전히 받은 자녀는 다 커서도 다른 집단에서 투사를 끌게 된다. 가족에서의 감정과정을 반복하는 것이다. 과잉 초점의 대상이 되어 기능을 잃고 결국 타인의 기대에 맞춰 살게 된다(Gilbert, 2004).

2

가족투사과정을 촉진하는 요인들

자녀의 분화를 방해하고 불안의 세대전수를 촉진하는 요소들이 있다. 다음의 예를 보면서 세대 간의 분화를 촉진하거나 혹은 방해하는 요소를 찾아보도록 하자.

책임감 있는 자녀로 키우기

무책임한 것은 부모가 자녀를 잘못 가르쳐서, 훈계하지 않아서가 아니다. 많은 부모는 책임감을 '설교'로 가르치려 한다. 부모가 책임감을 강조할수록 자녀는 무책임해진다. 일종의 반발이자 반작용이다. 자녀가 무책임한 것은 부모가 무책임하다는 것의 방증일 뿐이다(Kerr & Bowen, 1988).

자녀가 얼마나 열심히 공부하는가에 모든 관심이 쏠려 있다. 시험 기간이라도 되면 쥐죽은 듯 조용하고 모든 생활이 아이에게 맞춰져 있다. 하지만 부모가 볼 때마다 자녀는 딴짓을 하고 있다. 휴대폰을 본다거나 컴퓨터 게임을 하는 자녀를 보면 부모는 속이 터진다. 자녀는 억울하다. 공부하는 동안에는 잠잠하다가 잠시 쉬는 그 짧은 순간에 꼭 부모에게 들키고 만다. 부모는 공부에 집중하지 않는 자녀가 내심 불안하다. 부모가 감시해야만 자녀가 공부할 것 같다. 자녀는 부모의 감시가 관심으로 받아들여지지 않는다. 공부만 떠올리면 숨이 막힌다.

부모가 촉각을 곤두세우고 자녀를 감시하면 할수록, 공부에 몰두하게 만들기는 커녕 자녀의 분화만 방해할 뿐이다. 부모가 학업이라는 욕망에 사로잡혀 있을수록 부모와 자녀는 불안해지고 지치게 된다. 부부관계에 몰두해 있는 것보다 자녀에게 몰입해 있는 것이 훨씬 위험하다. 부모의 못다 이룬 꿈은 자녀에게 무의식적인 소망이 되어 자녀를 병들게 만든다.

부모 자신의 삶에 중점을 두고 자신에게 책임을 지며, 그것을 행동으로 옮기는 것이 책임감을 가르치는 가장 좋은 방법이다. 부모가 자신에게 초점을 맞추고 자녀와의 경계를 존중한다면, 자녀는 저절로 자신에게 초점을 맞추고 부모와의 경계를 존중하며 자랄 것이다. 부모-자녀 간 분화가 이뤄질수록 자녀는 부모를 '한 인간으로 있는 그대로' 볼 수 있다 (Kerr & Bowen, 1988).

부모가 자신의 행동에 책임진다는 것은 자신과 자녀의 경계가 분명하다는 것을 의미한다. 경계가 분명할 때 서로에 대한 진정한 존중이 가능하다.

오빠와 아들이 겹쳐 보이는 어머니

J는 위로 두 오빠가 있다. 오빠들은 자라면서 엄청나게 싸움을 해 댔다. 사소한 다툼부터 피가 터지는 과격한 주먹다짐까지 사흘이 멀다 않고 싸웠다. 아버지가 호되게 야단을 치기도 하고, 형제를 내쫓기도 하고, 어머니가 눈물로 호소를 해보기도 했지만 별 소용없었다. J는 오빠들이 싸우는 이유를 부모가 두 아들을 차별했기 때문이라 생각했다.

결혼한 후 J는 어머니처럼 두 아들을 두었다. 자녀가 하나일 때와 둘일 때의 차이는 천지 차이였고 전혀 차원이 다른 삶이었다. J는 육체적으로, 심리적으로 고달팠다. 게다가 어릴 적 오빠들의 경험으로 인해 아이 둘을 차별하지 않고 키워야 한다는 압박감이 심해서 더 힘들었다. 오빠들의 고성과 아버지의 고함, 어머니의 울부짖음이 아직도 끔찍한 기억으로 남아 있다. 게다가 아들들이 오빠의 외모를 닮아 더 오빠와 겹쳐 보였다. 그래서 아이 둘이 싸울 때면 J는 난감했다. 가끔 차라리 둘째를 안 낳았더라면 하는 후회도 들었다. 이런 마음을 둘째가 아는지 둘째는 저보다 훨씬 덩치가 큰 형을 어떻게든 이겨 먹었다. 아무리 소리를 치고 둘을 떼어놔도 소용이 없었다. J의 고함과 온몸으로 아이들을 저지시키는 몸짓이 J의 불안을 타고 온 집에 퍼져갔다. J가 자녀를 똑같이 사랑해주고 차별받지 않게 느끼도록 해주려고 하면 할수록 J의 불안만 아이들에게 전달되었다. J가 걱정했던 일이 현실이 되고야 말았다.

어머니의 걱정은 전염력이 커서 자녀들 사이에서 상당한 힘을 발휘한다. 자녀들은 누가 더 어머니의 관심과 사랑을 많이 받는지 민감하게 비

교한다. 데칼코마니처럼 자녀들 역시 차별은 어머니 때문이라고 여긴다
(Kerr & Bowen, 1988).

　과정보다 문제에 초점을 맞출수록, 자신이 아닌 타인에 초점을 맞출수
록, 최선을 다한 그 행동은 융합을 촉진할 뿐이다. 관계에서 상처를 잘 받
는다는 것은 가족과 융합되었다는 뜻이다. 감정이 긍정적인가 부정적인
가는 별로 중요하지 않다. 불안의 내용이 무엇인가도 중요하지 않다. 그것
보다는 '얼마나 강하게 연결되어 있는가'라는 불안의 강도가 중요하다.

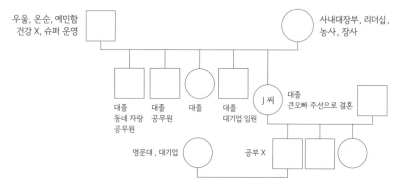

<표 7-1> J씨의 가계도

부모가 사랑을 더 줬더라면 내가 달라졌을 건데

　다음은 커와 보웬(1988)의 예를 재구성한 것이다. 어머니 H는 자신을
'정서불안자'라고 한다. 어린 시절 친구 관계에서도 그랬고, 결혼할 때 남
편과의 관계에서도 그랬다. 어렸을 때 어머니는 먹고사는 일이 바빠, 곁
에 있어 주거나 놀아준 적이 별로 없다. 사소한 일에도 야단치고 꾸짖는
무서운 어머니였다. 어머니가 자신에게 좀 더 관심을 기울이고 사랑을 주

었더라면 지금 자신의 모습은 많이 다를 것이다. 특히 어린 시절 어머니에게 들었던 끔찍한 말을 아들에게 그대로 하는 자신을 발견할 때면 몸서리치게 자신이 싫어진다. 내가 사랑을 받고 잘 자랐더라면 자녀도 잘 키웠을 것이다. H는 자신은 받지 못했던 사랑을, 부모에게 받고 싶은 사랑을 아들에게 듬뿍 주려고 애썼다. 아들이 불안에 떨지 않게 곁에 있어주고 많은 관심을 주었다.

그러나 H의 사랑은 집착이 되었고, 관심은 간섭이 되었으며, 곁을 지켜주는 것은 아들을 꼭꼭 싸매는 것이 되었다. 아들은 제발 관심을 꺼달라고 어머니에게 애원했지만, H는 아들의 말을 흘려들었다. 10대가 되자 결국 일이 터졌는데 아들은 나쁜 친구들과 어울리면서 사고뭉치가 되었다. 친구라면 지옥까지 따라갈 아들이었다. H가 뒤를 쫓으며 감시할수록 아들은 멀어져 갔다. H는 아들이 얼마나 귀한 존재인지, 얼마나 애지중지 키웠는지 눈물로 호소했지만 사랑은 자녀가 느껴야 사랑이다. 자녀는 부모가 사랑을 주었는지, 불안을 주었는지 안다. H는 아들이 저렇게 된 것은 모두 나쁜 친구들 때문이라고 비난했다. 하지만 내심 자신이 아들을 잘 못 키웠다는 죄책감을 떨칠 수가 없었다. 여기서 문제는 '자녀에 대한 사랑이 부족해서'가 아니라 '어머니가 불안해서'다.

자녀는 어머니의 불안에 반응할 뿐만 아니라 어머니의 불안을 불러일으키는 능력도 있다. 또 어머니 이목을 끄는 재주도 있다 어머니가 사랑에 사로잡혀 있으면, 자녀도 어머니 사랑에 갇혀있다. 세상의 문제를 다 해결해 주는 어머니가 사라지면 자녀도 살 수가 없다. 문제가 일어나면 그것도 모두 어머니 때문이다. 어머니는 줘야 할 것을 못 해준 것에 대한 죄책감이 있고, 자녀는 받아야 할 것을 못 받은 것에 대한 분노가 있다 (Kerr & Bowen, 1988).

우리는 자신의 문제가 부모 때문이라고 생각한다. 또 자녀에게 많은 사랑을 주면, 자녀는 자신과 달리 정서적으로 건강하게 자랄 것이라고 믿는다. 그런데 부모와 나의 양육방식이 다르다고 생각할수록, 사랑으로 잘 키울 수 있다는 믿음이 강할수록, 사랑을 주어야 한다는 생각이 강하면 강할수록, 아이러니하게도 자녀는 '부모에게 사랑받지 못했다'라고 느낀다. 어머니와 자녀는 관계에서 다른 것은 보지 못한 채, 오로지 '사랑을 주었느냐 아니냐'만 보고 있다. 둘 다 관계에 중독되었고 사랑에 중독되었다. 어머니가 자녀에 대한 책임을 많이 질수록 자녀가 할 수 있는 것은 어머니를 탓하는 것 밖에는 없다. '어머니 덕분에'라는 시작된 말은 결국 '어머니 때문에'로 끝날 것이다. '덕분에'와 '때문에'는 한 세트이다.

가족투사과정을 촉진하는 요인들

위의 예에서 가족투사과정을 촉진하는 요인을 추려보면 다음과 같다. 첫째, 문제의 원인에 초점을 두지 않고 타인에게 초점을 두는 것이다 (Kerr & Bowen, 1988). 어머니 사랑이 모자라서, 어머니가 자신을 잘못 키워서 자신이 불안하다는 가설 자체가 틀렸다. 문제에 대한 자신의 기여는 외면한 채 '문제 원인은 상대방에게 있다'라는 전제는 자아분화를 방해한다.

둘째, 문제를 즉각적으로 해결하려는 충동이다. 상대를 위해서가 아니고, 자신이 불안해서 상대방을 고치려고 최선을 다한다(Kerr & Bowen, 1988). 성급하게 문제를 해결하려고 뛰어드는 것은 더 큰 불안을 낳을 뿐이다. 문제를 해결하려는 즉각적인 충동을 멈추고 가만히 있으면서 무엇이 일어나는지 들여다보는 것이 도움이 된다. 커와 보웬(1988)은 이성에 따라 행동하는 절제력이 필요하다고 강조했다.

셋째, 자신은 어머니와 다르게 자녀를 잘 키울 수 있다는 믿음이다. 자신이 받지 못한 것을 자신은 할 수 있다고 굳은 신념을 가지는 것은 일종의 행동화acting-out 고 자기애다.

우리도 위 사례처럼 자신이 어머니와 똑같이 닮았지만 닮았다는 것을 인정하고 싶지 않다. 어머니는 나를 잘 못 키웠지만 나는 어머니와 정반대로 잘한다고 믿고 싶다. 이때 '정반대'라는 말이 중요하다. 그것은 마치 벽에 공을 치는 것처럼 작용-반작용과 같다. 부모와 정반대로 자녀를 키웠지만, 결과는 똑같다. 내가 내 부모를 원망했듯이 자녀도 나를 원망하고 있다. 나와 똑같이 내 자녀도 부모에게 불만이 많다. 미래에 자녀는 내가 했던 것과 정반대로, 그래서 결과적으로는 나의 부모처럼 아이를 키울 것이다. 세대를 거친다는 것은 마치 손바닥을 안쪽, 바깥쪽으로 뒤집는 단순 반복과 같다. 여기서 발전이나 성장은 기대하기 어렵다. '지금 나에게 무슨 일이 일어나는가'라는 사고체계가 작동하지 않는다면, 세대는 고장 난 장난감처럼 제자리에서 맴돌며 반복된다.

넷째, 관계의 문제에서 자신이 기여한 몫과 역할을 배제하는 것이다 (Kerr & Bowen, 1988). '어머니는 ~역할을 해야만 한다'는 집착은 분화를 방해하는 중요한 요인이 된다. 어머니와 나와의 관계에서 내가 한 역할은 무엇이고, 나와 자녀 사이에서 내가 한 몫이 무엇인지 아는 것은 매우 중요하다. 자녀를 잘 키워 보겠다는 신념은 분화는커녕 오히려 어머니를 더 부여잡게 만든다. 또 그렇게 두려워했던 결과, 즉 '어머니에 대한 원망'을 자초하면서 '어머니의 사랑에 꽂히는' 최면이 세대로 전이된다.

H는 가계도 작업을 하면서 살아있는 친척을 만나 돌아가신 부모에 관한 정보를 모았다. 막연하게 추측하는 대신 사실을 알고 나니 자신이 어머니와 얼마나 닮았는지 알게 되었다. 어머니보다 자신이 어머니를 더 많이 밀어내고 싫어했다는 것, 자신이 어머니처럼 자녀 일에 열성적으로 관여한다는 것도 알게 되었다(Kerr & Bowen, 1988).

가계도 작업에서 객관적인 사실, 팩트를 아는 것은 중요하다. 할머니와 할아버지가 어머니를 어떻게 양육했는지, 그분들의 관계는 어땠는지를 아는 것은 매우 도움이 된다. 또 이모, 고모, 삼촌이 자녀를 어떻게 키우고 어떤 관계인지 알아보기를 권한다. 할머니, 할아버지, 이모, 삼촌 그리고 어머니의 행동 패턴이 매우 흡사하다는 것을 알게 될 것이다. 그러면 나의 어머니만 그런 것이 아니라는 사실, 어머니가 일부러 그런 것이 아니라는 것에 안도감이 든다.

3

투사의 대상, 잘 낚이는 자녀

유달리 부모와 연합되는 자녀가 있는 것은 인간뿐만이 아니다. 제인 구달의 침팬지 연구에서도 볼 수 있는데, 다른 형제들과는 달리 어미에게서 유달리 떨어지지 않으려는 새끼 침팬지가 있었다. 이 새끼 침팬지는 늘 어미 등 위에 타고 있었고 어미에게서 분리될 생각이 없었다. 어미가 죽었을 때 그 새끼는 어미가 죽은 곳을 떠나지 않고 있다가 3주 후에 그곳에서 죽었다(Gilbert, 2004).

부모의 어린 시절, 가족과의 연합이 강하면 강할수록 자신의 자녀와도 연합이 강하다. 자신에게 결함이 있다고 생각할수록, 그것이 부모 탓이라고 생각하면 할수록 자녀와의 융합이 강하다. 그 이유는 자신처럼 되지 않게 키우려는 노력 자체가 자녀에게 불안으로 작용하기 때문이다.

투사가 집중된 자녀를 부모뿐 아니라 다른 자녀들도 모두 사고뭉치라 생각한다. 이런 융합된 생각들은 불안을 가중시킨다. 가족들은 이구동성으로 사고뭉치가 변하면 모든 것이 해결된다고 한다. 그러나 이 자녀는 너무 예민해서 가족의 불안을 가장 많이 흡수했을 뿐이다. 불안은 이 자녀에서 다른 자녀로 얼마든지 옮겨갈 수 있다. 증상을 가진 자녀가 상담을 받고 호전되고 나면 다음엔 다른 자녀가 증상을 보인다(Kerr & Bowen, 1988). 물론 자녀마다 기질이나 지능, 능력이 모두 다를 수 있다. 그러나 많은 경우 자녀가 잘못되거나 나쁘게 되는 것은 자녀 개인 문제이기보다는, 가족이라는 감정체계에서 일어나는 결과일 수 있다. 지목된 자녀를 희생양^{scapegoat} 이라고 부른다. 다음은 희생양이 되기 쉬운 자녀의 경우다.

1. 서로 맞지 않는 케미

태어날 때부터 부모와 자녀의 케미^{화학적 반응}가 맞지 않아 갈등이 있는 경우다. 평생을 싸우고 거슬려 한다. 특히 분화 수준이 낮으면서 부정적인 감정이 강할 경우 신체적 학대나 근친상간이 일어날 수 있다(Kerr & Bowen, 1988).

H의 아버지는 정신병과 알코올 중독으로 오랫동안 고생했고, 부모의 결혼생활은 순탄치 않았다. 아버지의 발작으로 소란스러웠으며 고함, 물건 부수는 소리, 싸우는 소리가 잦았다. H는 이런 가족이 늘 불안했고 창피했다. 아버지처럼 자신도 정신질환이 유전되면 어쩌나 불안했다. H는 몸이 자주 아파서 학교를 빠지는 날이 많았다. 그러다 불의의 사고를 당

해 아예 학교를 그만두었다. H가 결혼하고 아들을 낳았을 때 H의 불안은 온통 아들에게 향했다. 아들도 H의 아버지처럼 정신질환자가 되는 것은 아닐까, 자신과 아버지처럼 아파서 아무것도 못 하고 죽으면 어쩌나 늘 걱정했다. H의 걱정과 염려는 미신에 빠지게 했고, 온갖 좋다는 비방과 부적을 구해오는데 바빴다. H는 아들에게 "사주가 안 좋아서"로 시작하여 "이것을 해야 한다, 저것을 해야 한다"며, 끊임없이 간섭하고 야단치고 말을 듣지 않으면 때렸다. 아들은 H가 하라는 것은 안 하고, 하지 말라는 것은 하는 반항아가 되었다. 학교에서는 친구들을 패고 다니며 문제를 일으켰다. 바깥에서는 권위에 반항하고 분노하였고, 집에 와서는 무기력했다. H의 아들은 H의 걱정대로 운수가 고약한 아들로 자랐고, 자기 인생을 어떻게 꾸려 나가야 할지 몰라 불안해했다. 아들은 H의 불안이라는 마법에 걸렸을 뿐이다.

어릴 때 J의 오빠는 비행청소년이었다. 친정 부모는 오빠 때문에 속이 많이 썩었고 걱정이 많았다. J는 친정어머니의 심정이 이해되었고 친정어머니와 같은 생각을 했다. 나중에 자신의 아들에게 문제가 생겼을 때 J는 아들이 오빠와 똑같아질까 봐 불안했다. 아들이 곧 사고를 칠 것만 같았고, 아들의 사소한 행동에도 예민하게 반응했다. J는 오빠와 닮은 아들의 행동에만 주시하며 민감하게 반응했다.

2. 무기력한 자녀

부모가 자녀를 무기력한 사람으로 몰고 가는 경우다. "무능하고 뭔가 모자라다"라고 자녀를 보는 부모는 거의 죽음 직전까지 자녀를 몰아간다. 부모는 자녀에 관한 결정을 좌지우지하고, 자녀는 부모의 결정에 끌려다니며 '자신이 부모에게 짐이다'라고 여긴다(Kerr & Bowen, 1988). 부모는 자신들의 걱정에만 관심이 있을 뿐, 정작 자녀의 입장은 생각하지 않는다. '자녀를 위해서'라는 말은 허울 좋은 말이다. 부모는 경계가 없어서, 자녀와 분화되지 않아서 자신들의 불안을 자녀에게 주입할 뿐이다. 다른 자녀들 역시 분화되지 않아 부모의 생각을 그대로 받아들인다. 주목받는 자녀를 비난하고 "너만 아니면 우리 집은 조용하다, 너 때문에 편할 날이 없다"라며 책임을 돌린다. 형제들 역시 주목받는 자녀를 무기력하고 과소기능 하도록 일조한다.

3. 부모를 돌보는 자녀

부모의 문제나 감정에 유난히 민감하게 반응하는 자녀가 있다. 자녀는 부모를 지나치게 걱정하고 과하게 도우려 한다. 부모의 감정의 짐을 덜어주고 부모가 편안해지도록 최선을 다한다. 이 자녀가 헤아리는 마음과 돌보는 능력이 탁월해서 그렇게 하는 것이 아니다. 그저 과대기능으로 거짓자기가 만들어졌을 뿐이다.

자녀도 부모의 따뜻한 지지가 필요하지만, 자녀는 부모의 돌봄이 필요치 않다고 거절하면서 강한 척한다. 이렇게 '유능한 척' 만들어진 거짓자기로 결혼을 할 때 무능한 거짓자기 배우자를 선택할 가능성이 높다 (Kerr & Bowen, 1988). 그래야만 자랄 때 만들어진 과대기능의 거짓자기로 계속 살아갈 수 있기 때문이다.

L은 2남 3녀 중 맏딸이다. 아버지가 집안 행사에 L을 데리고 다닐 정도로 집안의 기둥이었다. 아버지는 어머니 대신 집안일을 L과 상의했고, L이 공무원이 되면서 본격적으로 가장이 되었다. L의 아버지는 무능한 백수였고, 어머니는 온갖 허드렛일을 하며 고달픈 삶을 살고 있었다. L은 무능한 가장인 아버지에게 화가 났지만, 자신을 아들보다 인정을 해주니 맞설 수가 없었다. 지지리도 궁상인 어머니는 돈이 필요할 때마다 "박복한 내 팔자" 신세한탄을 하며 L에게 손을 벌렸다. L은 어머니의 모습이 비굴해 보였지만 한편으로는 불쌍한 어머니를 호강시키고 싶었다. L은 동생들 학비를 대고, 집안 대소사를 경제적으로 감당했다. 마치 L이 없으면 이 집안은 희망도 없고 곧 쓰러질 것 같은 느낌을 부모도 L도 가졌다. L은 자신이 있어 참 다행이고 스스로가 대견하다고 생각했다.

문제는 L의 동생들이 돈을 벌기 시작할 때부터였다. 동생들은 집안에 경제적으로 보태지도 않았고, 부모는 동생들에게 요구하지도 않았다. L은 부모에게 배신감이 들었다. L은 가장 노릇을 하느라 변변한 옷 한 벌, 가방 하나 없었다. 자신을 위해 돈을 쓰고 미래를 꿈꿀 수가 없었다. L은 태도를 바꿔 자신의 인생을 찾기로 하고 결혼을 작정했다. 그러자 부모는 결혼을 결사반대하면서 "친정에 집을 한 채 마련해 주면 결혼을 허락하겠다"라고 했다.

자녀가 과대기능자가 되는 예는 이민자가정에서 흔히 볼 수 있다. 부모를 따라 이민 온 1.5세대 자녀의 경우 낯선 문화와 언어가 어려운 부모를 돌보려는 욕구가 강하다. 대체로 자녀가 부모보다 언어 습득이 빠르고 훨씬 유창한 경우가 많아 부모의 보호자가 되기 쉽다.

부모가 알코올 같은 중독에 빠져 있을 때도 자녀가 과대기능이 되기 쉽다. 부모가 중독에 빠져 있을 때 부모는 어른으로 기능을 전혀 할 수 없다. 매우 취약한 과소기능을 담당한다. 부모는 자녀가 자신을 무시하고 비난하며, 실망한다는 것을 잘 알고 있고 거기에 대해 죄책감을 느낀다. 그래서 중독에서 벗어나 있을 때는 과소기능을 보상하느라 과장된 부모역할을 한다. 훈육한답시고 사소한 일에도 화를 내고 지나치게 벌을 준다. 자녀는 술주정뱅이 아버지가 부끄러워 다른 사람들에게 더 잘하려고 한다. 실제로도 집안에 부모 역할을 하는 사람이 없어서 자녀는 과대기능자가 되기 쉽다.

이혼이나 사별로 인한 한부모 가정 역시 자녀가 과대기능이 되기 쉽다. 자녀는 한쪽 부모가 떠나는 것을 경험했다. 그 엄청난 사건이 다시 일어난다면 그것은 자녀에게 치명적이다. 자녀는 남아 있는 부모를 지키기로 결심하고 충성을 맹세한다. 남아 있는 부모가 부모 역할이 힘들지 않도록 떠나간 부모 역할을 대신한다. 배우자가 없는 외로움을 채워주려고 자신이 배우자 역할까지 하는 경우도 있다. 설령 부모에게 불만이 있다 하더라도 내색하지 않고 불만이 없는 척한다.

D의 어머니는 전쟁미망인으로, 가사도우미 일을 하며 외동딸 D와 남동생(D의 외삼촌)을 키우며 살았다. D의 어머니는 남동생을 공부시키느라 정작 D를 제대로 공부시키지 못했다. 남동생을 아들같이 키운 건 어

머니의 간곡한 부탁 때문이었다. D는 자신이 대학에 못 간 것이 한이 되었다. D는 어머니를 원망하는 대신, 뒷바라지 공을 외면한 채 D의 어머니를 버리고 미국으로 간 외삼촌을 원망했다. D에게 남편감을 고르는 가장 중요한 기준은 친정어머니와 같이 살 수 있는지 여부였다. D는 어머니를 무척 존경했고, D의 삶은 어머니의 삶과 너무나도 닮아 있었다. D의 남편 역시 일찍 죽고, D도 어머니처럼 가사도우미를 하며 외동딸을 키웠다. D의 딸은 '성공해서 엄마한테 잘하자'라는 신념으로 살았다. D의 딸은 열심히 돈을 벌어 어머니인 D에게 집을 사주었고, 어머니 대신 동생의 대학공부를 시켰다. 딸도 D처럼 정작 자신은 대학을 가지 못했다. D는 그런 딸이 결혼하는 것을 원치 않았다. '능력 있으면 혼자 사는 게 낫다'고 딸에게 늘 강조했다. 이런 말을 들을 때마다 딸은 영원히 어머니 곁을 떠날 수 없을 것 같은 절망감에 괴로웠다. D의 딸은 어느 날 모든 것을 정리하고 연기처럼 사라졌다. 그것이 어머니에게서 벗어나는 유일한 방법인 것 같았기 때문이다.

부모-자녀 간 분화가 높을수록 관계는 현실적인 필요에 맞춰 움직이고, 분화가 낮을수록 현실적인 필요 대신 불안과 감정반응이 관계를 주도한다. 그러면 부모로부터 자녀의 분화를 어떻게 이룰 수 있는가? 분화는 실제 필요한 것에 근거하여 관계를 발전시켜 나갈 때 가능하다. 또한, 분화를 이루기 위해서 서로 각자가 떨어져 분화를 이루려고 노력해야 한다(Kerr & Bowen, 1988).

4. 스트레스가 높은 시기에 태어난 자녀

다섯 번째, 가족에게 높은 스트레스가 있는 시기에 태어난 자녀다. 예를 들어 친정어머니가 돌아가신 해에 태어난 자녀는 어머니와 밀착되기 쉽다. 조부모의 죽음, 부모의 심각한 질병, 파산, 사업의 실패, 해고나 실직 같은 직업 상의 어려움 등 극심한 스트레스를 겪고 있을 부모의 자녀 또한 불안해지기 쉽다(Kerr & Bowen, 1988).

부모가 세상을 떠난 것은 매우 큰 사건이다. 부모의 죽음을 맞이하게 되면 부모의 일생과 자신의 생이 겹쳐지면서 삶의 본질을 생각하게 된다. 부모 인생의 연장선으로서 본인 인생을 어떻게 꾸려 나갈지 고민이 깊어진다. 분화수준이 낮을수록 부모의 인생과 자신의 인생이 분리되기 어려워 후회나 죄책감, 상실감, 심하게는 허무함과 우울에 압도되기 쉽다. 이 시기에 자녀가 태어나면 어머니와의 공생관계 맺기가 힘들어져 자녀의 애착에 문제가 생기기 쉽다. 또 어머니가 부모를 잃은 상실감을 메우기 위해 부모 대신 자녀와 융합하기 쉽다.

유복자의 경우, 어머니 배 속에 있는 동안 어머니가 겪은 충격과 불행감을 고스란히 전달받는다. 부모의 사망은 단순한 사건이 아니다. 한 사람이 사라졌다는 것만으로도 어마어마한 충격이 된다. 그리고 죽음에 수반되는 현실적인 어려움은 엄청나다. 유복자의 경우 부모 얼굴도 모르는 불쌍함이 슬픔을 더 할 수 있다. 유복자는 아버지 없는 티를 내지 않으려 더 명랑하고 밝은 모습으로 가장할 수 있다. 가족들은 아이가 행여 주눅 들고 기죽을까 봐 과잉으로 보살핀다. 그러면 그럴수록 유복자 자녀의 내면은 불안이 더해진다.

스트레스 사건이 일어나기 전과 후는 너무나 달라 마치 두 가정이 있는 것과 같다(Kerr & Bowen, 1988). 예를 들어 한국전쟁이 발발하기 전의 가족의 모습과 전쟁 후 피난으로 흩어진 가족의 상황은 비교할 수 없을 만큼 다르다. 우리 사회의 가계도를 보면 2대만 올라가도 한국전쟁의 비극이 그대로 담겨 있다. 아버지의 사업이 실패하기 전의 가족과 사업이 망한 후 가족은 서로 다른 가족이다. 가족의 형편이 나아졌을 때 태어났느냐 아니면 가족 살림이 기울어질 때 태어났느냐에 따라 자녀의 분화수준이 달라질 수 있다. 태어난 후 집안 형편이 좋아졌다면 '복덩이'로 대우를 받을 것이고, 태어난 후 집이 망했다면 '집을 말아 먹은 재수 없는 아이' 취급을 받을 것이다.

5. 신체적·감정적 결함이 있는 자녀

신체나 성격에 결함을 가진 자녀다. 지적 장애, 발달장애, 언청이, 심장병과 같은 선천성 질병은 불안의 근원이 된다. 부모의 모든 행동은 이 자녀 중심으로 이루어지고 부모-자녀는 너무 얽혀있어 자녀의 미분화를 촉진한다. 실제 자녀가 가진 장애뿐만 아니라 감정적 장애까지 덧붙여져 문제를 심각하게 만든다(Kerr & Bowen, 1988).

B의 자녀는 지적장애인이다. B는 자녀의 지적장애를 극복할 수 있다고, 아이만 정상으로 돌아온다면 모두 행복해질 거라 믿었다. B가 자녀에게 최선을 다할수록 B의 남편은 더 방관자가 되었고 B만 혼자서 안간

힘을 쓰는 것 같았다. B가 육아의 어려움을 토로하면 B의 남편은 책임감과 죄책감에 압도되어 지쳐갔다. 남편에게 아내는 없었다. 장애를 가진 아들과 그 어머니만 가족으로 있는 것 같았다. 부부관계는 소원해지고 남편은 밖으로 돌기 시작했다. B에게 자신만 자녀를 돌봐야 한다는 불만에 부부싸움이 잦아졌다. B는 이 모든 것이 자녀 때문이라는 생각이 들어 종종 짜증과 신경질을 자녀에게 퍼부어댔다.

B가 아들에게 간섭하고 지시할수록 아들은 반항했고 폭발했다. B와 대판 싸운 날에 아들은 이불에 오줌을 싸고 변을 보기도 했다. 이불을 빨면서 B는 아들에게 욕설을 퍼부으며 저주를 했다. 그러면 아들은 바깥에서 또 다른 사고를 쳤다. 악순환의 연속이었다. B는 자기 인생이 이대로 주저앉는 것 같았다. 사는 재미가 없어진 B에게 다른 남자가 눈에 들어오기 시작했다. 이렇게 부부체계가 와해하기 시작하면 부부는 각자 다른 곳에 한눈을 팔면서 가족의 고단함에서 벗어나려 한다.

가족의 불안은 장애를 지닌 자녀에게 온통 투사된다. 어머니와 장애 자녀의 융합은 자녀의 장애를 더욱 심각하게 만들고 다른 가족과의 관계를 악화시킨다.

6. 태어난 순서

출생순위^{지위}는 투사를 받기 쉬운 요인이 된다. 몇째가 가장 취약한가는 가족마다 다르겠지만, 보통 맏이와 막내가 가족불안의 표적이 된다. 맏이가 표적이 된다면 맏이는 맏이의 전형적인 성격을 갖게 된다(Kerr

& Bowen, 1988).

부모는 맏이를 미래의 주인공으로 여길 수 있다. 맏이가 성공해야 집안이 잘된다는 신조 아래 맏이에게 모든 것을 다해주고 대가를 바란다. 맏이는 부모의 기대를 깨뜨리지 말아야 한다는 부담감이 있다. 동생은 부모가 맏이처럼 충분히 뒷바라지 해주지 않은 것에 불만이 있다. 부모를 원망하며 사사건건 맏이와 비교하면서 맏이가 잘할 때는 시기와 질투로, 맏이가 마음에 안 들 때는 비난과 비웃음으로 반응한다. 부모의 미숙함으로 인한 개입이 근본적인 원인이지만, 형-동생의 대결 구도는 다음 세대로까지 이어질 수 있다.

삼각관계로 낮은 자아분화를 이룬 맏이는 좌절하기 쉬워 불안이 높다. 파페로(1990)는 맏이가 불안할수록 더 독단적이고 권위적이며, 상대방을 규칙에 얽어매려고 한다고 하였다. 이런 맏이가 결혼하면 배우자와 융합된 관계가 되기 쉽다. 그런가하면 반대로 책임감에 짓눌려 오히려 무력한 맏이가 되기도 한다. 그런 경우 둘째가 전형적인 맏이처럼 발달할 수 있다(Kerr & Bowen, 1988).

출생순위는 감정체계 안에서 기능지위가 된다. 물론 생물학적인 출생순위보다 더 중요한 것은 심리적 출생순위다. 첫째 아이는 '아버지의 자녀'로 아버지와 밀착되기 쉽다. 아버지와 가장 가까울 수도 있고 가장 적대적일 수도 있다. 첫째가 책임감을 갖고 집안 가장역할을 맡는 것 또한 이와 관련된다. 앞서 살펴본 맏딸 L의 예처럼 아버지가 무능한 가장이고 남편일 경우 자녀는 어머니의 배우자가 되기 쉽다. 반면 둘째는 '어머니의 자녀'로 어머니와 밀착되기 쉽다. 어머니의 사랑과 관심을 받을 수도 있고 어머니 불안의 투사 대상이 될 수도 있다.

둘째 자녀는 어머니의 무의식적인 욕구의 연장선 위에 있을 수 있다. 둘째가 아들이라면 어머니가 결혼하고 싶어 했던 이상적인 남자가 투사될 수 있다(Bradshaw, 1988). 남편보다 자기 아들이 멋있다고 하는 어머니들이 종종 있다. 그 이유는 뭘까? 어머니는 자신이 생각하는 멋지고 이상적인 남자, 그래서 연애하고 싶은 남자의 모습을 아들에게 투사해서 키우기 때문이다. 자녀는 어머니의 환상대로 자란다. 환상은 현실화하는 강력한 마력이 있다. 남편은 시어머니의 아들이고 아들은 내가 낳은 아들이다.

둘째가 딸이라면 어머니의 무의식적 욕구를 반영하여 남자관계가 복잡할 수 있다(Bradshaw, 1988). 어머니의 자유로운 연애와 바람기에 대한 환상을 둘째 딸이 투사 받은 경우, 둘째 딸은 그 환상을 현실화한다. 어머니가 원했지만 현실적으로는 어려웠던 자유로운 사랑을 둘째딸이 대신 실현한 것이다.

외동은 부모의 투사를 피할 수 없는 위치에 있다(Papero, 1990). 출생 순위에 따라 어떤 역할을 있다면, 외동은 그 모든 역할을 다 맡게 된다. 외동은 부모의 부부관계에서 무슨 일이 있는지를 완벽하게 보여준다. 예를 들어 아이의 비만은 부부의 유일한 관심사가 먹는 것이라는 것을 반영한다. 자녀가 외로워하고 사는 게 심드렁하다면 부모의 부부관계가 무의미하고 감동이 없다는 것이다. 자녀가 말이 없는 것은 부모가 대화가 없어서다(Bradshaw, 1988).

부모의 불안이 막내에게 맞춰지면 전형적인 막내 성격이 만들어진다. 맏이가 과대기능 할 위험이 있다면 막내는 과소기능 할 위험이 있다(Papero, 1990). 가족의 분화수준이 낮을수록 전형적인 맏이, 중간, 막내의 성격 특성을 갖게 된다. 반대로 부모의 표적에 걸리지 않은 자녀들은 분화가 잘 이루어지고 자유로운 삶을 살게 된다. 가족의 분화수준이 높을수록 맏이, 막내, 중간출생순위의 특징이 사라지고 출생순위와 상관없이 모두 자유롭게 살 수 있다(Kerr & Bowen, 1988).

원가족에서 차지하는 출생순위는 장차 결혼 후 형성되는 핵가족 정서체계와 가족투사과정에 영향을 미친다. 맏딸과 맏아들, 막내와 막내의 경우 서로 맡은 역할이 겹쳐 충돌이 일어날 수 있는데, 부부가 같은 출생순위일 때 부부관계는 어려움이 생길 수 있다(Gilbert, 2004).

분화가 낮을 때 부모가 자녀를 비교하는 것은 자녀에게 차별과 편애로 받아들여진다. 부모가 어떤 자녀를 비난하고 불평하는 것만으로도 자녀들 간의 경쟁심은 극에 달할 수 있다. 가족 안에서 형제자매에 대한 감정은 장차 자녀들이 결혼해서 자녀를 둘 때 많은 영향을 미친다. 동기간의 지나친 경쟁심은 자신의 자녀에게 형제자매를 만들어주고 싶지 않은 심리로 이어진다. 이것이 외동을 두는 큰 이유가 된다. 형제자매는 차라리 없는 편이 낫다고 믿는 것이다.

K 장녀, 큰딸로 산다는 것

맏아들, 맏딸은 맏이라는 이유로 과대기능이 되기 쉽다. 어머니에게서 아들은 남편이 되기도 하고, 연인이 되기도 한다. 성별이 달라서 남편 대신 아들에게 의존할 수도 있고, 이성으로서 어머니의 멋진 남자를 투사할 수도 있다. 그래서 아들의 멋짐에 반하기도 하고, 호감으로, 집착으로, 매력으로 연결되기도 한다. 또 집안의 계승자로서의 존중과 권위를 인정해 준다.

그러나 딸은 좀 양상이 다르다. 어머니와 맏딸이 분리되지 않을 때, 어머니는 맏딸에게 노골적으로 과대기능을 요구하는 경우가 있다. 맏딸의 희생으로 어머니의 소중한 보물인 아들을 키워내는 경우가 적지 않았다. 7~80년대 수많은 여공이 산업화의 역군이 되어 남동생을 대학 공부를 시키고 출세시켰다. 자신은 초졸, 중졸의 공순이였지만, 남동생들은 대졸의 대기업 회사원, 박사, 의사를 만들어 집안을 일으켰다. 그 맏딸들이 다시 어머니가 되었을 때 그 어머니가 했던 것처럼 똑같이 자신의 맏딸의 희생을 요구한다.

어머니에게 맏딸은 어떤 존재인가? 먼저 맏딸은 어머니의 보조자다. 어머니가 감당할 수 없는 부분을 맏딸에게 죄다 떠넘긴다. 남편이 무능할 땐 더욱 그렇다. 어머니가 가장이 되어 경제를 책임지면 맏딸은 어머니가 되어 동생을 거두고, 주부가 되어 살림 밑천 역할을 톡톡히 해낸다.

둘째, 어머니의 친정어머니다. 맏딸은 어머니 하소연을 들어주는 감정 쓰레기통이다. 맏딸은 굳이 알지 않아도 되는 부부의 깊은 사연까지 알아야 한다. 어머니를 위로하고 다독이고 '어머니에게 힘이 되주리라' 맹세를 하면서 어머니를 안심시킨다. 어머니가 심리적 고아인 경우, 어머니는 "네가 내 어머니보다 더 어머니 같다"라고도 한다.

셋째, 어머니 자식을 길러주는 대리인이다. 뻐꾸기 어머니가 많다. 자기 자녀를 키울 여력이 되지 않는데도 불구하고 자녀를 낳아서 맏딸에게 키우라고 떠넘긴다. 동생들을 업어 키우느라 맏딸의 아동기는 아이다움을 잃어버린다. 어머니의 요구대로 동생들 가정교사 노릇도 하고 대학공부도 시킨다. 심지어 동생들 시집장가도 보낸다. 맏딸이 이렇게 하는 이유는 '너밖에 없다. 너로 인해 든든하다'고 추켜세우는 어머니라는 마녀에 홀렸기 때문이다.

이런 맏딸들은 어머니에게 의존하거나 요구하는 것이 익숙하지 않다. 받는 것보다 주는 것이 더 편하다. 그러다 동생이 떼를 쓰며 조르는 것을 보면 마음이 불편해진다. 그런 행동을 하는 동생을 나무라기도 한다. 당당하게 요구하면서 받아내는 동생을 볼 때 '나는 부모의 자녀인가'라는 의문이 맏이에게 올라온다.

맏딸에게 칭찬은 늘 조건부다. 어머니 뜻에 맞아야 한다. 그렇지 않고 맏딸이 자기 삶을 살려고 하는 순간 어머니의 무자비한 공격이 들어온다. 자신의 삶을 살려고 하는 딸을 어머니는 허용하지 않는다. 오죽하면 데메

테르의 딸이 지옥으로 시집을 갔겠는가. 이렇게 어머니에게 맏딸은 자녀가 아닐 때가 하루에도 여러 번 있다. 맏딸은 "나도 어머니 자식이고 아이다"라는 메시지를 분명히 할 필요가 있다. 맏이는 과대기능을 자신의 뛰어난 능력과 넉넉한 인품으로 착각하고 자만에 빠질 수 있다. 동생이 그 점을 정확히 지적하는데, "부모도 아니면서 왜 우리에게 권력을 휘두르느냐"며 맏이를 잘난 척한다고 비난한다. 맏이가 잘난 척하는 것이 맞다.

넷째, 심한 경우 맏딸은 어머니의 시기와 질투의 대상이 되기도 한다. 맏딸이 '공부를 잘한다', '좋은 대학을 나와 좋은 직장을 다닌다', '부유하다'라는 사실에 어떤 어머니는 축하는커녕 깎아내리기 바쁘다. 심지어 딸의 것을 빼앗기도 한다.

어머니의 보조자, 부모, 친구 이런 역할은 모두 거짓자기다. 죄책감과 부담감에 허우적대면서 거짓자기로 더는 살 수 없다고 느끼는 순간, 참자기가 나타나 그 역할의 끈을 놓게 만든다. 그때 쏟아지는 비난들은 감당하기 어려울 정도로 신랄하다. 맏딸들에게 감히 말한다. 열심히 해도 욕을 먹고 하지 않아도 욕을 먹는다. 어떤 것을 택할 것인가? 문제는 그 역할을 할지 말지가 아니다. 죄책감이라는 불안의 노예로 계속 살 것인가, 아니면 해방될 것인가의 문제다. 맏이는 필요 이상으로 부담감과 죄책감을 가지고 있다. 여행에서 멋진 풍경을 보면 어머니가 생각난다. 어머니와 좋은 것을 함께 하고 싶다는 바람을 넘어서 '나 혼자 좋은 것을 누리고 있다, 나는 이기적이다'라는 생각으로 자신을 벌준다. 죄책감이 이렇게 큰 이유는 "넌 맏이니까 마음을 넓게 가져야 한다, 동생에게 양보해라,

베풀어라"같이 거짓자기에 대한 요구가 강력해서다. 어머니의 주술은 이렇게 강력하다. 융은 외디푸스 콤플렉스 즉 부모와의 분리에는 죄책감의 원형이 있다고 보았다. 부모에게서 떨어져 나와 자신만의 인생을 시도하려 할 때 우리 모두는 부성살해나 모성살해로 상징되는 죄책감을 가진다. 진정한 자아분화는 어머니의 저주에서 벗어나는 것이다.

맏딸을 이렇게 대하는 어머니의 역동은 어머니가 나빠서도 못돼서도 아니다. 그저 어머니의 어머니^{할머니}가 자신을 착취한 것에 대한 분노와 제대로 인정받지 못한 억울함에서 비롯된 것이다. 미분화된 어머니는 자신이 어머니에게 당한 대로, 대접받은 대로, 맏딸에게 그 감정과 역할을 그대로 전수한다.

4

대대로 이어지는 불안, 다세대 전수과정

다세대 전수과정 multigenerational transmission process 이란 세대 간의 가족 분화와 기능이 어떻게 연결되는지를 설명해 주는 개념이다. 이 과정은 삼각관계와 가족투사과정을 통해 여러 세대에 걸쳐 이루어진다. 가족의 어떤 문제나 어떤 기능도 모두 대물림된다는 것이다. 나의 문제는 내 것으로 국한될 수 있는 개인적인 차원의 것이 아니다. 적어도 조부모 시대부터 이미 문제는 잉태되어, 내가 태어나기도 전에 문제가 일어날 거라고 예견된 것이다.

이것은 전혀 근거 없는 이야기가 아니다. 발생학적으로 보면 어머니가 태아로 할머니의 자궁 속에 있을 때, 어머니가 평생 생산할 난자가 만들어진다. 남성의 정자 역시 마찬가지다. '나'라는 사람은 어머니와 아버지가 태어나기도 전에 할머니 몸속에서 이미 시작되었다는 뜻이다(Arnett, 2016).

보웬(1985)은 세대전수 과정을 다음과 같이 설명했다. 먼저 비슷한 분화수준의 배우자를 선택한다. 낮은 분화수준의 부부는 갈등이 많다. 갈등을 해결하기 위해 미숙한 부부는 자녀를 끌어들이고, 부부는 여러 가지 문제와 불안을 자녀에게 투사한다. 이 자녀는 부모보다 낮은 분화수준을 갖게 된다. 부모보다 분화가 덜 된 자녀를 세대에 걸쳐 따라 내려가면 종국에는 불안과 융합이 응축된 세대가 나올 것이고, 그 자녀 세대에서 조현병, 조울증, 강박증, 중독 같은 역기능이 나타난다. 짧게는 3~4세대에서 8~9세대를 거치면 역기능은 발생한다. 반대로 부모의 투사가 적고 부모의 간섭에서 벗어난 자녀들은 높은 자아 분화수준을 갖게 된다. 이때 모든 가족원은 오랜 시간 걸쳐 내려오는 세대의 흐름 안에서 행위자이자 반응자가 된다.

커와 보웬(1988)은 증조부모부터 증손자까지 7대에 걸친 자료를 총망라하여 볼 수 있다면 질병, 사망 같은 가족기능을 정확하게 파악하고 예측할 수 있다고 했다. 역기능은 세대를 쭉 이어져 내려올 수도 있고 한 세대를 건너뛸 수도 있다. 당사자가 역기능이지 않다고 해서 문제가 사라진 것은 아니다. 당사자의 세대 형제와 사촌 뿐만 아니라 부모 세대 삼촌, 이모, 고모 의 기능도 함께 고려해야 한다. 어느 날 갑자기 역기능이 만들어지는 것도 아니고 높은 자아분화 수준과 안정적인 기능이 별안간 만들어지는 것도 아니다. 비약적인 도약이 일어나는 것은 그리 흔한 일이 아니다(Kerr & Bowen, 1988).

자녀 세대는 부모 세대보다 조부모 세대를 더 닮아 있는 경우가 많다. 왜냐면 윗세대의 반발로 인해 다음 세대는 윗세대와 정반대된 행동을 하고, 이런 경향이 반복되면 한 세대를 건너뛴 '풍당 풍당' 양상이 나타나기 때문이다. 예를 들어 조부모가 매우 통제적이었다면 부모는 거기에 반발하여 무절제와 방임 쪽을 택한다. 자녀는 부모에 반발하여 다시 통제 쪽으로 갈 것이다. 부모는 조부모와의 관계에서 "내 자녀에게는 이런 것을 물려주지 않겠다. 나는 부모와 정반대로 부모 역할을 할 것이다"라고 다짐을 했다. 부모의 행동은 겉으로 볼 때 조부모와 매우 다르게 보일 수 있다. 그러나 그 행동에 담겨 있는 '부모와 닮지 않으려는' 불안은 여전히 변하지 않고 그대로 있다. 전수되는 것은 어떤 내용이 아니라 불안 그 자체다. 부모는 애쓴 보람도 없이 물려주지 않으려고 했던 불안을 자녀에게 고스란히 대물림한다. 부모의 노력은 물거품이 되었고, 자녀는 부모와 반대로 행동한다. 결국, 자녀의 행동은 조부모의 행동과 닮았다.

감정체계 안에 담겨 있는 감정, 주관적인 태도, 신념은 다음 세대로 전달된다. 전수는 관계를 통해 이루어지는데, 관계의 경험은 이미 어머니 뱃속에서부터 시작된다. 생물학적 유전자가 전달되면서 감정체계 즉 심리적, 감정적인 요소도 함께 유전되기 때문이다(Kerr & Bowen, 1988).

핵가족 정서체계는 부모의 분화수준과 밀접한 관계가 있다. 분화수준이 낮은 방향으로 다세대 전수과정이 진행되면, 세대가 내려갈수록 분화의 수준은 떨어지게 된다.

보웬은 자아분화 수준이 세대를 내려오면서 어떻게 달라지는지를 다음 가계도로 설명하였다. 자아분화 수준이 40인 남편과 45인 아내가 만나 자녀 셋을 두었다. 그 중 둘째 A가 35로 자아분화수준이 가장 낮다. 반면 첫째와 셋째B는 40이다. 똑같은 부모 밑에서 자란 자녀지만 세대를 거치면서, A가족은 자아분화 수준이 점점 낮아지고 반면 B가족은 자아분화 수준이 높아지는 것을 보여 준다.

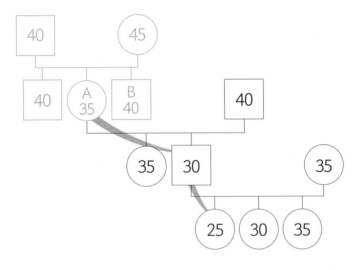

<표 7-2> 분화수준이 낮아지는 가계도

A는 자신과 분화수준이 비슷한 사람과 결혼했다(35과 40). A의 자녀들 가운데 가장 분화가 낮은 자녀는 또 비슷한 사람과 결혼을 한다(30과 35). 그 자녀(A의 손자) 중 분화가 낮은 자녀는 25로, 2세대 만에 분화수준이 10이 낮아졌다. 분화수준이 25인 자녀는 만성적인 증상을 가지기 쉽다. 보웬은 이런 식으로 3세대를 내려가면 어떤 가족이든 조현병이 발

생활 수 있다고 보았다.

반면 B의 가계도는 분화수준이 높은 자녀를 따라간 것이다.

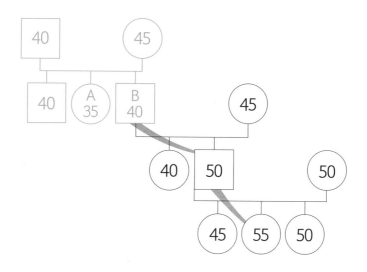

<표 7-3> 분화수준이 높아지는 가계도

B는 45의 배우자를 만나 결혼하고 자녀 둘을 둔다. 둘 중 자아분화가 잘된 자녀는 비슷한 분화수준의 배우자를 만난다(50과 50). 그 자녀들(B의 손자) 중 자아분화 수준이 가장 높은 자녀는 55다.

형제 A와 B는 5점 차이였다. 3세대로 내려가자 5점 차이는 30점으로 벌어졌다. 긴 시간의 안목으로 볼 때 어떤 삶을 살 것인지 결심하고 작정한 것에 따라 그들이 누리는 삶의 평안함과 안정감 정도는 엄청난 차이가 날 수 있다(Kerr & Bowen, 1988).

5

부모에게 전하는 말

1. 부모를 위한 조언

가족투사과정에서 발생한 자녀의 문제는 온전히 부모의 탓인가? 그렇지 않다. 부모의 잘못 때문만은 아니다. 이 과정은 자동적이고 무의식적이라서 부모 역시 그들의 부모에게서 물려받았을 뿐이다. 부모가 가족투사과정 개념을 이해하게 되면 자신들이 어처구니없이 문제에 가담했다는 사실을 비로소 알게 된다. 가계도를 가지고 원가족 작업을 하면 도저히 이해할 수 없던 부모의 행동에 수긍이 가고 연민마저 느껴진다. 어떤 이들은 그때 경험을 "정체를 알 수 없는 귀신같은 무언가의 정체가 드러나면서 분명하게 볼 수 있었다, 마치 귀신을 떼어 내는 것 같다"고 말한다.

오로지 자신의 분화수준을 높이는 것에만 집중하자. 불안을 배우자나 자녀에게 투사하지 않고 자신의 원가족 작업에만 몰두하자. 그 다음 부부관계를 되돌아보고 원만한 관계를 위한 작업을 하자. 원가족 문제가 충분히 다루어졌다면 부부관계 작업은 그리 어렵지 않을 것이다. 그러면 자녀는 충만하고 자유로운 자신만의 삶을 위해 스스로 몰두할 것이다. 그것은 별 힘들일 것 없이 자연스럽게 이루어진다.

그런데 재미있는 점은 부모의 변화를 알아채고 어떤 자녀는 관심을 끌기 위해서 더 나빠지기도 한다. 부모가 가족의 항상성이라는 개념을 안다면 이런 일도 미리 짐작할 수 있다. 개의치 않고 자신의 작업에 매진한다면 이런 일은 곧 사라진다. 자신이 변화할 때마다 놀라운 일이 일어나는 것을 여러분들은 경험할 것이다(Gilbert, 2004).

2. 가장 빠른 지름길, 나의 원가족 작업

불안은 원가족과 직접적인 관계가 있다. 불안이 높고 분화가 낮은 경우 자신의 가족 _{자녀와 부부}을 지키기 위해 대부분 정서적 단절을 시도한다. 정서적 단절은 불안을 상당히 줄여주는데 그것이 좋을 수도 있고 나쁠 수도 있다. 어떤 가족은 정서적 단절이 불안을 상당히 낮춰주는 역할을 하지만, 어떤 가족은 오히려 불안이 가중되기도 한다. 원가족은 한 사람의 삶에서 위로와 안정을 얻을 수 있는 좋은 정서적 지지체계다. 그런 지지체계를 잃었다는 것은 특히 어려움을 겪는 사람에게는 치명적일 수 있다. 원가족과 좋은 관계를 유지하는 것은 자신의 부부관계, 부모-자녀관계에 매우 도움이 된다.

원가족과 단절을 하지 않으려면 먼저 자기 자신을 책임져야 한다. 또 삼각관계에 빠지지 않고 양쪽을 객관적으로 볼 수 있는 능력이 있어야 한다. 정서적 단절을 해결하면 자아분화의 기본수준은 아니더라도 기능수준이 상당히 좋아질 수 있고 증상 또한 완화된다. 정서적 연결은 몇 차례의 통화나 방문을 뜻하지 않는다. 원가족을 깊이 이해하려는 노력과 긴 시간이 요구된다. 원가족을 이해한다는 것은 자신을 이해하는 것과 같은 뜻이다(Kerr & Bowen, 1988).

부모를 거부하고 단절한 사람들은 자신이 부모를 닮은 것도, 부모로부터 물려받은 것도 없다고 주장한다. 자신은 부모와 전혀 다른 사람이다. 아니 다르다고 믿고 싶다. 그러면 부모에게 물려받은 수많은 유산과 자원들까지 빛을 보지 못하고 묻혀버린다.

이런 경우 부모와 접촉하라는 주문이 매우 어려울 수도 있다. 만약 부모와의 정서적 접촉을 시도한다면, 매우 보수적으로 과정을 계획할 필요가 있다. 먼저 부모를 떠올릴 때 감정적으로 거슬리지 않는 수준이 어디까지인지 가늠해본다. 불안하거나 불편해지는 지점을 찾는 것이다. 편안하게 말할 수 있는 주제 혹은 다루기 거북하고 껄끄러운 주제가 무엇인지, 함께 있어도 되는 시간이나 견딜 수 있는 시간이 어느 정도인지, 언제즈음 되면 부모와 함께 있는 것이 불편해지는지를 생각하는 것이다.

둘째, 부모에 대한 자신의 기대 수준을 설정한다. 내 말을 어디까지 부모가 들어줄 수 있는가를 가늠하는 것이다. 내 진심을 다 털어놓으면 부모가 그 말을 수긍하고 공감하며, 지난날을 사과할 것이라고 기대하고 있지는 않은가? 그것은 엄청나게 높은 기대다. 자녀라는 존재는 부모의 삶을 잘 살았는지, 못 살았는지를 평가하는 상당히 중요한 존재다. 부모의 민낯과 본질을 아는 자녀의 한마디는 부모를 충분히 불안하게 만들 수 있다. 자녀의 원망에 부모는 자기 삶이 다 무너져 내리는 불안을 느낄 수도 있다. 어쩌면 여러분들은 부모에 대한 기대를 많이 낮추어야 할지도 모른다.

셋째, 부모와 접촉할 때 나의 이런 노력은 잘 지내고 싶은 바람 때문이라는 것을 강조할 필요가 있다. 얼마나 부모로 인해 실망과 상심이 컸는지 그래서 내 삶이 얼마나 비참했는지를 나눌 때, 그 목적이 부모를 비난하기 위한 것이 아니라는 점 역시 알려야 한다. 비난보다 이면에 있는 더 깊은 '소망'을 나누게 되면 불안을 상당히 낮출 수 있다.

넷째, 내가 가진 상처와 관련해서 그 당시 부모의 사정은 어떠했는지 물어보고 탐색할 필요가 있다. 부모에게도 어떤 사정이 있지 않았겠는가. 부모로서가 아닌 한 인간으로서 그들의 삶은 어떠했는지 궁금해하며 관심을 가지는 태도는 불안하지 않으면서 부모와 접촉할 수 있게 한다.

다섯째, 이도 저도 불안해서 아무것도 할 수 없다면 단절만은 하지 않겠다고 마음먹는 것이다. 언제든 어느 때든 만날 수 있는 여지를 두는 것이다. 우리는 연결되어 있고 접촉하고 있다는 느낌을 가지는 것만 해도 상당히 도움이 된다. 어떤 경우 연결되었다고 인식하는 것만으로도 증상이 극적으로 좋아지는 경우가 있다.

　부모와의 매듭 풀기를 권하는 이유는 자기 삶을 충분히 살 수 있기 때문이다. 더불어 자녀의 문제는 힘 안 들이고 저절로 해결된다. 마치 별책 부록처럼 따라온다. 그 행복을 꼭 느껴보기를 진심으로 바란다.

오로지 자신의 분화수준을 높이는 것에만 집중하자.
불안을 배우자나 자녀에게 투사하지 않고
자신의 원가족 작업에만 몰두하자.
그 다음 부부관계를 되돌아보고 원만한 관계를 위한 작업을 하자.
원가족 문제가 충분히 다루어졌다면 부부관계 작업은
그리 어렵지 않을 것이다. 그러면 자녀는 충만하고
자유로운 자신만의 삶을 위해 스스로 몰두할 것이다.
그것은 별 힘들일 것 없이 자연스럽게 이루어진다.

참고문헌

서유헌. 네이버 지식백과.

서울신문. 2021년 3월 19일자

송성자(2004). 가족과 가족치료. 법문사

한겨레신문. 2022년 5월 17일자

Arnett, J. J.(2016). Human Development; a Cultural Approach(2nd Ed.). Pearson Education, Inc.

Barrett, L. F.(2020) Seven and a Half Lessons about the Brain. NY: Mariner Books.

Bowen, M. (1971). Family Therapy & Family group Therapy. In Kaplan, H. I. & B. Sadock, B. J. (Eds.), Comprehensive group psychotherapy. Baltmore: Williams & Wilkins.

Bowen, M.(1976). Theory in the practice of psychotherapy. In Guerin, P. J. Jr.(Ed.), Family therapy : Theory and practice. New York: Gardner Press.

Bowen, M. (1985). Family Therapy in Clinical Practice. New York: Jason Aronson, Inc.

Bowen, M., Dysinger, R. H., & Basmania, B. (1959). The role of the father in families with a schizophrenic patient. American Journal of Psychiatry, 115, 1017-1020.

Bradshaw, J. (1988). Bradshaw on The Family : A New way of creating Solid Self esteem. Health Communications, Inc.

Doidge, N.(2007). The Brain that Changes itself: Stories of Personal Triumph from the Frontiers of brain Science. New York: Penguin.

Gallagher, W.(1992). Moderless Child, The Science 32(4), 12-15.

Gilbert, R. M.(2004). The Eight Concepts of Bowen Theory. Leading Systems Press.

Kerr, M. E. & Bowen, M. (1988). Family Evaluation: An Approch based Bowen Theory. W.W. Norton & Copmpany.

Lehrman, D. S. (1964). The reproductive behavior of ring doves. Scientific American, 211(5), 82-88.

LeShan, L.(1977). You Can Fight for Your Life. Philadelphia: Lippincott.

LeShan, L.(1982). The Mechanic and Gardner. New York: Holt, Rinehart, and Winston.

Lipton, B. H.(2006). The Wisdom of Your Cells : How Your Beliefs Control Your Biology. Louisville, Co.

Lipton, B. H., Maternal Emotions and Human Development, Birth Psychology, https://birthpsychology,com/maternal--emotions-and human-development.

MacLean, P. D.(1978). A mind of three minds: Educating the triune brain. In Education and the brain. The National Society for the Study of Education. Chicago: University of Chicago Press.

McGoldrick, M. (1995). You Can Go Home Again: Reconnecting Your Family. W.W. Norton & Copmpany.

Nichols, M. & Davis, S. D.(2017), The Essencial Family Therapy(6th ed). Pearson Education, Inc.

Papero, D.(1990). Bowen Family Systems Theory. Boston: Allyn & Bacon.

Richo, D.(1991). How to be an Adult : A Handbook for Psychological and Spiritual Integration. Paulist Press.

Satir. V., Banmen, J., Gerber. J. & M. Gomori. (2000). 한국 버지니아 사티어 연구회 역. 사티어모델-가족치료의 지평을 넘어서. 김영애가족치료연구소.

Skinner, M. K.(2014) Environmental Stress and Epigenetic Transgenerational Inheritance, BMC Medicine 12(153), 1-5p.

Vendramini, D.(2005). Noncoding DNA and the Teem Theory of Inheritance, Emotions and Innate Behavior, Medical Hypotheses, 64 : 512-519p.

Wilson, E. O.(1975). Sociobiology : The New Synthesis. Cambridge: The Belknap Press.

Wolynn, M.(2016). It Didn't start with You. Penguin Random House LLC.

Yehuda, R. & Seckl, J.(2011). Minireview: Stress-related Psychiatric Disorders with Low Control Levels: A Metabolic Hypothesis, Endocrinology, October 4, 1011-1218p.

쉽게 읽는
보웬 가족치료

초판 1쇄 발행 2022년 12월 15일
초판 2쇄 발행 2023년 10월 12일
지은이 김수연
기획 정강욱 이연임
편집 백예인
일러스트 김미라
표지 디자인 최동인
내지 디자인 서희원
출판 리얼러닝
주소 경기도 파주시 탄현면 고추잠자리길 60
전화 02-337-0333
이메일 withreallearning@gmail.com
출판등록 제 406-2020-000085호
ISBN 979-11-971508-4-5